MI BERLÍN

Crónicas de una ciudad mutante

Esther Andradi

1ª edición, *La Mirada Malva*, 2015
Colección Mirada Narrativa n. 15

© Esther Andradi, 2015
© La Mirada Malva, 2015

Diseño de portada © *La Mirada Malva*
Imagen portada ("Por ti atravieso cualquier muro")
© Mario Vázquez
Fotografía contraportada © Peter Groth

Reservados los derechos de esta edición para
Editorial *La Mirada Malva*
c/Los Rosales nº 7, 18650 Dúrcal
Granada – España
Teléfono [+34] 958 782 567

www.miradamalva.com
http://miradamalva.blogspot.com/

ISBN-13: 978-84-942146-3-9
DL: M-1560-2015

Cualquier forma de reproducción, distribución, comunicación pública o transformación de esta obra sólo puede ser realizada con la autorización de sus titulares, salvo excepción prevista por la ley. Diríjase a CEDRO (Centro Español de Derechos Reprográficos www.cedro.org) si necesita fotocopiar o escanear algún fragmento de esta obra.

Impreso en España

Mi Berlín: Crónicas de una ciudad mutante

Índice

Una mirada sobre la vida cotidiana antes y
después de la caida del muro   11

1– EL MUNDO AL REVÉS   13

El hundimiento de Amor (1983)   13
Historia de un cheque (1983)   17
Elogio de la Bicicleta (1984)   21
Dentistas y suicidas (1985)   25
El enemigo invisible (1986)   29
Prototipos, estereotipos, tipos (1987)   35
Mackie Messer (1987)   41
La esquina del movimiento (1988)   45

2– CRONOLOGÍA DE UN DERRUMBE   51

Huida hacia adelante (Fines de setiembre, 1989)   51
Se corre el telón (30.10.89)   57
Cae el muro (9.11.89)   63
El último suspiro (1.07.1990)   71
La guerra terminó (3.10.1990)   77

3– BERLÍN, BERLÍN   83

Bajo el suelo de Berlín (octubre, 1990)   83
La marcha silenciosa (1990)   93
Tango a la rusa (1990)   97
El viaje a Praga (1991)   105
El otro muro (1991)   111
La metáfora de los zapatos (1992)   115
Instantáneas (1992)   119

4– DESPUÉS DEL TEMBLOR — 123

El último tour (junio 2007) — 125
El Berlín de Frida (julio 2007) — 131
Berlín, Berlín (noviembre 2007) — 135
Estación Central (2007) — 139
La República Libre de Schwarzenberg (2007) — 143
Radicalmente Rosa (febrero 2009) — 147
Yo no he esperado, he vivido (junio 2009) — 155
Berlín, ciudad abierta (noviembre 2009) — 161
Metrópolis (febrero 2010) — 167
Lo que quedó (diciembre 2011) — 171
Casandra (mayo 2013) — 175
La larga marcha a través del fuego (agosto 2013) — 181
El nombre de las piedras (noviembre 2013) — 195
Sinfonía de una metrópoli (septiembre 2014) — 203

Una mirada sobre la vida cotidiana antes y después de la caída del muro

Durante más de una década viví en el Berlín que hasta 1989 era el sector occidental de la ciudad, y a partir del 9 de noviembre de aquel año comenzó a formar parte de lo que hoy ya es otra vez la capital de Alemania. Soy una latinoamericana que cuenta desde allí el antes y el después del derrumbe. Son crónicas vivenciales, a veces artículos periodísticos y también reflexiones sobre la vida entre los mundos, miradas desde lo cotidiano que se publicaron en diarios y revistas en México, Perú, Argentina, España, Alemania.

Cuando llegué a Berlín en 1983 tuve la peregrina idea de sobrevivir como corresponsal extranjera en esta ciudad que entonces estaba dividida en dos. Demasiado pronto las circunstancias me demostraron eficazmente que de persistir en mi empeño, me moriría de hambre, porque quienes podrían estar interesados, no tenían dinero para pagar, y lo que pagaban alcanzaba para sobrevivir un día en Lima y no un mes en Berlín. Hasta poco antes de la caída del muro, Berlín no tenía ningún interés para periodistas extranjeros. Para mí sin embargo fue un destino de privilegio: en menos de veinte cuadras a la redonda sentía respirar la historia. El pasado de la guerra, el presente dividido en los dos sistemas que pugnaban por el control del mundo, el futuro multicultural, entrometido y mestizo, todo eso veía deslizarse entre las calles y los barrios del

Berlín Occidental. Entonces decidí escribir sobre lo que a mí me interesaba, desde el hundimiento de un barco llamado Amor, la descripción de la calle donde estaba mi oficina o escenas en el mercado, el protagonismo en estas notas lo ejerce la vida cotidiana. Son algo así como la otra crónica, la otra cara de una ciudad que después estuvo en el centro de la noticia y cuya coyuntura también registré. Como una prolongación del viejo ejercicio de escribir cartas, estos textos hablan desde mi perplejidad y el asombro, evocando una ciudad de gentes desde las costuras que la hicieron famosa.

Esther Andradi

1.–EL MUNDO AL REVÉS

El hundimiento de "Amor"

Aunque suene a nombre de gaseosa, el Spree es antes que nada uno de los ríos que surcan Berlín. Y como la naturaleza nació antes que la geopolítica, resulta que este río se cruza y regodea en mil meandros de un lado al otro. Quiero decir de Berlín Occidental a Berlín Oriental que son algo así como "dos en uno", según diría una propaganda. Pero aquí la cosa es más complicada, porque el Spree pertenece a la República Democrática Alemana -(RDA)- y para que los berlineses occidentales tengan derecho a usarlo, la República Federal Alemana -(RFA)- debe pagar una especie de cuota anual a la RDA. Algo así como un alquiler, pero que no es tal, porque si una alquila una casa, el dueño no tiene derecho a usarla, pero con el Spree sí. Entonces puede ser que una vea dos barquitos berlineses –con diferentes banderas, claro está– surcando las mismas aguas, pasando bajo los mismos puentes... Cosas de la fantasía geopolítica, corriente tan imaginativa que deja corta a la literatura.

Y hete aquí que en el Spree, el que está del lado de occidente, algunos yatecitos anclados hacen soñar a los berlineses occidentales llevándolos en excursiones rumbosas hasta la isla de los Pavos Reales, un mausoleo natural con castillo y pavos reales de verdad y donde se jaranearon los reyes de varias épocas inaugurando tenidas de baño osadísimas para todos los tiempos. Y hete aquí que varias lanchas se encontraban ancladas debajo del puente de Hansa, esperando estrenar la temporada. "Mozart", "Karl", "Sanssouci" y una con nombre español: "Amor". Admiré la osadía de los alemanes para subirse a un barquito con ese nombre. Al fin y al cabo, algo de sangre vikinga todavía correría por sus venas.

"Amor" se fue el domingo de Pascuas cargado de pasajeros a la isla de los Pavos Reales, y al regreso, exhausto por la travesía, se echó a dormir.

Por la noche, "Amor" se incendió.

O mejor dicho hubo un amago de incendio, porque no llegaron a verse las rotundas llamas, –los alemanes, dicen, no enganchan con pasiones,– que ya estaban los bomberos encima de "Amor" atosigándolo con agua. Tanta agua, que no sólo apagó el incipiente fuego de "Amor", sino que propició un rápido hundimiento. Ya en la madrugada del lunes, "Amor" hacía agua. Y había que reflotarlo. Ahora no sólo estaban los bomberos, sino también la policía, los agentes de la compañía de seguros, los controles de seguridad, los agentes de la sociedad alemana para el control de materiales y un mundo de controles más junto al dueño, capitán del barco que, a decir verdad, nadie había visto quedarse en cubierta como en las novelas de Salgari. Y cada uno comenzó a hacer su trabajo, amén de un equipo de hombres ranas vestidos de color negro y naranja que se ocuparon de los detalles en profundidad.

Mientras tanto, la gente se apersonaba en el puente. Fotógrafos, chicos, perros y aficionados se detenían a contemplar el salvamento de "Amor". Parecía una boda, más que una ruptura, que era lo que en realidad la eficacia de los bomberos había provocado. Cuatro días estuvieron, mañana y noche, porque al caer la tarde los astutos bomberos tenían unos reflectores capaces de iluminar un Estadio de fútbol completo y sus adyacencias. Al quinto día, como en la Biblia, "Amor" estaba salvado. No se sabe si su dueño-capitán estaría de acuerdo. Será cuestión para compañías de seguros y demás controles, que aquí lo pasan todo por el cerebro del computador. Hasta las dudas. Aunque cuando vi a "Amor" balancearse otra vez serenamente al ritmo del caprichoso Spree con su pintura deteriorada, un montón de parches en la cubierta y notables rajaduras de proa a popa, me pregunté si para salvarse así, no habría sido mejor que hubiera permanecido para siempre en el fondo del Spree.

Ésa ya es una disquisición para la literatura, y no un reproche a la eficiencia de los servicios –en buena hora la de los alemanes– que, de haberlos así en nuestros países, provocarían, mamma mía, cuántos hundimientos.

Diario Expreso, Perú, 1983

Historia de un cheque

Cuando se está lejos, lo único comparable a la deliciosa caricia que representan las cartas de los amigos, es recibir un cheque. No quisiera explayarme en el detalle, porque la sola mención ya es suficiente para que cualquier analista haga sus deducciones sobre el dinero como afecto y otras cosas. Tampoco estoy esperando, aunque no dejaría de ser interesante como propuesta, que anónimos admiradores envíen sus cheques como muestras de simpatía. La historia viene al caso porque hace pocos días recibí un cheque de Lima, que, en tanto inesperado, tenía la potencia afectiva de un amor a primera vista. Así que no me fijé mucho en los números y corrí rápidamente a depositarlo en mi escuálida cuenta. Y ahí comenzó el asunto.

Porque si bien el cheque estaba a mi nombre y dirigido a un banco de una ciudad que se llama Berlín, la definición era tan imprecisa desde el punto de vista de la política como también de los negocios, según mi experiencia constató más tarde.

En efecto, el cheque había sido enviado al Banco XX de Berlín que casualmente no se encontraba en la jurisdicción de Berlín Occidental, donde resido, sino al otro lado del muro. Es decir, Berlín Oriental. La capital de la República Democrática Alemana, tan cerca y sin embargo.

–Nosotros no podemos hacer efectivo este cheque

– me dijo atentamente el empleado bancario de Berlín Occidental. –No obstante, si me permite voy a consultar.

Y consultó. Con el primer experto, quien también en principio dijo que no, pero que podría consultarlo con otro experto. En definitiva el cheque podía ser cobrado, pero en un lapso no menor de cuatro semanas, que es el tiempo que el Banco necesita para cobrar ese dinero en Berlín Oriental, y con un sobrecargo de diez dólares de impuestos. En tanto, se me explicó también, un cheque sobre un banco neoyorquino podría ser cobrado en el instante, si el cliente como yo tiene una cuenta bancaria.

Tal vez debo decir para el caso, que Berlín Occidental está a un vuelo de mosca –o de langosta, mejor– de Berlín Oriental, y entonces podría pensarse que sería tan fácil como cobrar un cheque de nuestro "banco amigo" en cualquiera de las sucursales de una ciudad. Pero no. Aquí son dos ciudades que pertenecen a dos Estados diferentes (¡y en qué estado!) como cualquiera que viva esta historia podría constatarlo.

Decido entonces llamar al Banco XX de Berlín Oriental, capital de la RDA, que aunque es una llamada al exterior, cuesta lo mismo que una llamada local. Y el amable empleado contesta al otro lado de la línea que si yo intento cobrar el cheque de "este lado" va a demorar unas cuatro semanas y etc etc., en cambio si usted viene por aquí lo haremos efectivo al instante y en dólares sin pagar ni un centavo de impuestos.

Mi Berlín: Crónicas de una ciudad mutante

Así que ahí estaba yo al día siguiente, cobrando un cheque que había ido a la ciudad que tiene un solo nombre pero que responde a administraciones totalmente diferentes. Porque si bien es cierto que no me cobraron ningún impuesto, como el atento empleado aseguró, no hay que olvidar que cuando cualquier ciudadano del mundo visita Berlín Oriental ingresando por Berlín Occidental debe cambiar obligatoriamente un mínimo de unos quince dólares en moneda local. Dinero que además, debe ser consumido en el lugar, porque no hay devolución, y en el lapso que dura la visa para visitar la capital de la RDA. Hasta las doce de la noche del día en cuestión, en que hay que volver. Como la Cenicienta.

—Así es— me diría después un ejecutivo bancario de Berlín Occidental. Con nuestros clientes de Sudamérica generalmente se nos presentan estos casos, porque envían cheques a bancos que están en Berlín... Y Berlín no es exactamente Berlín, agrego ahora. Porque aunque no voy a decir qué banco envió ese cheque, con una experiencia semejante a la que yo tuve en esta historia, nadie olvidaría jamás la estrecha relación entre geopolítica y negocios.

Diario Expreso, Perú, 1983

Elogio de la bicicleta

Es curioso. En este mundo industrializado que asumió a cabalidad el automóvil como símbolo de estatus, y donde acceder al dichoso vehículo de cuatro ruedas dejó de ser hace tiempo una cuestión de privilegiados, resulta que alguna gente se le ocurre optar por las dos ruedas.

Quiero decir, por la bicicleta. Sea por culpa de los japoneses que se instalaron airosos en el mercado europeo, sea por culpa de los jeques y el petróleo, lo cierto es que en Alemania Occidental cada día aumentan los adoradores de la bicicleta, redescubriendo aquel vehículo que ya a fines del siglo pasado produjo la primera revolución importante en ropa para damas. De mantener tantas puntillas y enaguas, las señoras no hubieran sabido cómo hacer para pedalear.

Y el elogio de la bicicleta ya está pasando a ser algo más que un simple sustituto para los que no tienen su coche. El pasado 5 de junio, día Mundial del Medio Ambiente, ecologistas y adictos a la bicicleta desfilaron por millares en las calles de las más importantes ciudades alemanas en virtud de conquistar un espacio mayor y más seguro en medio del vertiginoso mundo de la autopista.

Una bicicleta es mucho más barata que un auto, no tiene más gastos que la propia energía del conductor (lo que a su vez lo dota de un envidiable estado y ejercicio físico, casi tan bueno como el jogging), es más rápida en los momentos de congestión del tráfico, también un niño es capaz de manejarla, no necesita de espacios especiales para estacionarse, en caso de accidente no puede producir mayor daño a nadie, y además es inofensiva para el medio ambiente... Hasta aquí en reducida síntesis las bondades de la bicicleta en comparación con el automóvil según adictos y propagandistas, que despliegan sus carteles, amén de su cotidiana práctica en defensa del vehículo *girl* por lo pacífico, en contraposición al vehículo *boy* de la amplia gama de automotores.

Todo es cuestión de paciencia y cambio de actitudes. Dicen los alemanes que están convencidos de la existencia de la voluntad para construir una cultura bicicleteril, como que ya existe en China y Japón en el Oriente o Gran Bretaña, Holanda y los países escandinavos en Occidente.

Y puede ser difícil para nosotros entenderlo, pero en Europa hasta presidentes y reinas suelen desplazarse en ese vehículo que mantiene el equilibrio en virtud del principio físico que relaciona el zigzagueo con el movimiento hacia adelante. Mirado de otro lado, podría constituirse en un principio político casi infalible, y quien sabe, acaso sea el secreto que inspira las estables democracias europeas.

Lamentablemente, bien dicen que el hombre es el único animal que no aprende de la experiencia ajena acumulada. Pero si esta ley, irreversible hasta hoy, podría cambiarse, hasta nosotros, sumergidos en deudas, dificultades y desempleo dejaríamos de soñar con el automóvil último modelo, y el vencimiento del pagaré del auto no nos ocasionaría ojeras azules ni malas noches. Si los hijos de quienes inventaron la posibilidad de volar al espacio, en desmedro de la propaganda televisiva y los envidiables Mercedes Benz, se lanzan a la conquista de la bicicleta, por algo será.

Después de todo para producir una bicicleta no se necesita importar "know how" y en el vehículo infalible también se llega lejos. Si no que lo diga Heinz Helfgen, que ya hace más de treinta años, subió a su bicicleta, dio la vuelta al mundo, y hoy, feliz de la vida y músculos de acero, pedalea todavía en su natal Düsseldorf.

Diario Expreso, Perú, 1984

Dentistas y suicidas

Salgo a la calle con poco tiempo. En diez minutos debo estar en el barrio de Kreuzberg, donde el dentista. Me trata de paradentosis juvenil el odontólogo Aldo, reciente padre de Lautaro. Dos semanas tiene Lautaro y entonces Aldo sabe que ese bebé es una tiranía contra su mujer. "Que se le prende a la teta y no la suelta" ¿Envidia tienes tal vez? "No, mi complejo de Edipo ha sido superado hace tiempo". Tendrá cuarenta años Aldo, y todavía parece ignorar de dónde viene la nutrición. Tiranía le llama. Y cuando te dan el biberón, Aldito, todos los días de tu vida, ¿cómo se llama eso?

Tengo poco tiempo y la Hohenstaufen –la calle donde vivo– es una calle maldita. Angosta en este trecho que ocupa mi casa, una está obligada a sortear autos mal estacionados y las hileras de vehículos que se suceden en una y otra vía. Por suerte hay un semáforo en la esquina que de vez en cuando detiene este chorro de escapes y carraspeo de muerte. Soy una libélula en mi bicicleta. Permanentemente alerta o me levantan. Semáforo en rojo, nada por aquí, nada por allí, cruzo corriendo, me subo a la bici, empiezo a pedalear cuando lo veo. Mejor dicho, lo oigo. No entiendo qué es lo que le pasa. Viene caminando por la calle y protesta porque "yo no soy viejo como ése– y señala– como ésa –por suerte no me señala a mí sino a otra– como ése..." Sigo andando unos segundos, y me detengo. Quizá le haya pasado algo, quizá necesite ayuda. Un espacio entre dos automóviles estacionados me brinda un hueco y ahí estoy esperándolo, ya está casi a mi lado, gritando, pero no a lo loco, apenas una pizca de indignación y mucho dolor.

Tendrá unos cuarenta años, uno ochenta de estatura, delgado tirando a magro, narigón, el pelo en motas rubias, tal vez oxigenado, pero no parece más enfermo que ninguno de nosotros, ni borracho, ni loco. Apenas un hombre atormentado. Se me acerca. Lo acompaño hasta la esquina con mi bicicleta. "No soy un viejo aunque aparento más edad de la que tengo. Pero los chicos, la gente, todos se dirigen a mí como si fuera un viejo. Esto es insoportable. No puedo tolerarlo más y sé que hay una única solución. Matarme". Sus palabras me inundan, torrente sin freno, no me permiten siquiera insertar una idea –¿acaso se me ocurre algo más allá del banal "tranquílizate"?– maldigo al dentista y los horarios, me tomaría de buena gana un café con él ... "No, yo sé que es la única solución, no hay otra salida, debo matarme..." No lo tomes así, no vale la pena. "La única salida. Matarme". Acelero con mi bicicleta rumbo al dentista y él da vuelta la esquina. Parece que me saludara con su mano nervuda y dedos largos, pero no, gesticula no más a la muerte, o al deseo de ella. Soy una imbécil, perderme la entrevista con el suicida por un par de dientes que después de todo habrán de caerse un día de éstos...

¿Cuándo se van a caer, Aldo?

Bigotitos ralos, barba ídem, tirando a gordito,

Aldo permanece en silencio y después "Mejor que comiences desde ahora a cuidarte, no vaya a ser que en cualquier party se te caigan".
Mejor será no ir a parties, entonces.
Pero mi sugerencia no parece de su agrado y anestesia mediante, –amarga la jeringa–, el labio inferior, sector derecho queda inutilizado y dale con escarbarme bajo las encías dizque bacterias. Seguro que las hay, y aunque no me duele, anestesia gran invento, no puedo dejar de pensar en los testimonios de los torturados en los dientes, los gritos desgarradores, el mantener la boca abierta porque alguien te está obligando, el zumbido en la cabeza, los oídos destrozados, el aniquilamiento de las células cerebrales, las manos atadas a la parrilla, cuatro tipos que te golpean, los dientes cayéndose en la fiesta de graduación de la nena, y otra vez la corriente eléctrica de la máquina en las encías, hasta que me libera la asistente. Puede enjuagarse. Qué mierda. Si no puedo ni siquiera mover las piernas, cómo conseguiré manejar ese ejercicio refinado y milimétrico de las mandíbulas y los músculos faciales de mi sector derecho del labio inferior, para que el agua y la baba no se vayan por cualquier lado. Mi escupitajo casi le alcanza la mano, que si no la saca…

Salgo de ahí con la boca colgando. En la panadería de enfrente me compro cuatro pasteles de queso, arrastro mi bicicleta porque tengo ganas de caminar. Me meto en un *trödel* –negocio de objetos usados–, no sé lo que busco, ah sí, una boquilla con pico de plata (para mi paradentosis juvenil, nicotina enjoyada), pero las monedas que tengo en el bolsillo no alcanzan para nada. Sí, para un sombrero de un marco en otro negocio, algo más allá, donde se vende de todo, –porquerías– en idioma turco. Mi nuevo sombrero es marrón, nunca fue usado, envejeció de abandono nomás, y me lo calzo. Ahora sí, me subo a la bici, y en este Berlín donde el otoño llegó después del invierno –porque no hubo verano ni primavera, sino estación de lluvias–, bicicleteo este día de sol tibiecito con mi sombrero nuevo de un marco, viejo de abandono. Le gusto y no me lo quito en todo el día. Ni para comer.

¿Será eso lo que necesita el suicida vocacional? ¿Que alguien lo recoja y se lo ponga todo el día para devolverle el sentido de la vida...?

Revista La Tortuga, Perú, 1985

El enemigo invisible

—Papá, ¿cómo se frena un barco?–

En el Wannsee, ese último domingo soleado berlinés antes de la catástrofe, un velero ocupado por una familia con tres niños se cruza con el nuestro. Mejor dicho: con éste en el que he sido invitada a navegar.

Buena pregunta.

Cuatro días después, cuando explosionó el reactor nuclear en la central soviética de Chernobyl, eran los adultos quiénes reclamaban a los desconcertados expertos en improvisadas sesiones radiales y televisivas.

—Oiga, ¿cómo se frena un GAU?

Para los aún no iniciados en la terminología P-CH, es decir post-Chernobyl, GAU es la abreviatura internacional para definir algo así como el Gran Accidente Atómico. ¿Y quién sabe cómo se frena la "reacción en cadena", ese caballo loco de la energía nuclear que escapa al control irradiando veneno, que no conoce límites de ninguna especie? A casi seis meses de Chernobyl científicos, políticos y profanos se agarran la cabeza... y aunque el potro del reactor ya haya sido frenado, ¿cómo frenar ahora la radioactividad que sigue penetrando en la tierra, en el agua, en los huesos de la gente a través de los productos alimenticios, del contacto con el pasto, con las hojas de los árboles? ¿Cómo frenar la ola de protestas que va desde médicos hasta físicos, encabezadas por el vientre de las embarazadas y los niños del colegio "que no quieren morir", como escriben en angustiosas cartas al gobierno?

Una cuestión de información, por supuesto. Como en el amor, "ojos que no ven, corazón que no siente", así con la radioactividad. No se ve, no se siente, no se oye, no huele. Penetra nomás, está, como dios, en cada desayuno y almuerzo, en los mercados, en los prados, en...

Para los alemanes de Occidente, probablemente uno de los pueblos de mayor conciencia ecológica de Europa, y uno de los mejores informados, la catástrofe está haciendo trastabillar estructuras de pensamiento que hasta antes de Chernobyl sólo una minoría cuestionaba. Los partidos políticos, desde la gobernante y conservadora Coalición Cristiana hasta los socialdemócratas, no tuvieron esta vez alternativa frente a los "verdes", quienes tomaron la delantera en plantear como posible el "desenchufe". Es decir, el prescindir de la energía nuclear. Y se discute con vistas a las próximas elecciones de marzo, en donde, como se sabe, también un buen número de la población habrá arrinconado en alguna oscuridad de la memoria al enemigo invisible que le arruinó un par de desayunos. Porque como dijo Simone de Beauvoir, "lo escandaloso del escándalo es que uno termina acostumbrándose a él".

Una cuestión de información, sin embargo, donde

se han comprometidos cantantes de rock y pop, tan populares como Udo Lindenberg o el ya clásico grupo BAP, matemáticos y teólogos, mujeres, niños y viejos, científicos y políticos. Cierto que mientras se puede, y se aguanta, la coartada del silencio es tentadora. Y si no, que lo diga Gorbatchov, que ocultó la catástrofe mientras pudo, y ahora, semanas después, cae la purga sobre los trabajadores de la central por "desprolijos". Purga que llega incluso a la expulsión del Partido para el entonces director de la central, pero donde no se menciona siquiera los implícitos peligros de la energía nuclear, "la más limpia del mundo" según sus apologistas.

Los franceses tampoco escaparon a la tentación de callarse. Como bien se sabe ahora, en 1983 también ellos estuvieron a un paso del GAU. Con Chernobyl, los parisinos se enteraron veinte días después, cuando la nube radioactiva ya había pasado por ahí. Y mientras los campesinos del Palatinado alemán tiraban la verdura infestada, pocos kilómetros más allá los franceses hablaban de la "histeria teutona". No por nada: en Francia, más de la mitad de la energía proviene de las centrales nucleares instaladas en su territorio.

La cifra de becquereles –que mide la presencia de yodo y cesio en los productos y en la naturaleza– es más importante en las informaciones meteorológicas en este país que vive un largo letargo invernal esperando la primavera. Y becquerel más o menos, uno siempre se termina amargando la compra o el almuerzo, paradójicamente, no porque no haya, sino porque más de la mitad de lo que existe está infestado, es decir, se ha vuelto venenoso. Cierto que ahora las cosas no son tan dramáticas como entonces, recién ocurrida la catástrofe. En aquel momento, el sol brillaba pero los parques infantiles estaban vacíos. Y las piscinas, los prados, los bosques, los estadios. Acurrucados en sus casas o bajo el techo seguro de los locales públicos, dejando los zapatos afuera y duchándose cada vez que se regresaba de la calle, los habitantes vivieron un adelanto del futuro. En los mercados, grandes carteles instalados en la puerta de ingreso, advertían sobre lo que todavía podía comprarse y lo que ya no. Carne no se podía, huevos tampoco, ni leche, ni lechuga, ni tomate ni... De haber comido en aquel entonces esos productos, en una semana se hubiese acumulado en el cuerpo la radioactividad que en tiempos "normales" (¿volverán?) se acumula en treinta años.

"Como la descarga de diez mil Hiroshimas" definió la revista Der Spiegel a Chernobyl. Y entonces, aunque las cosas ya no son tan dramáticas, cualquier científico sabe, que si bien el yodo tiene la ventaja de ser reabsorbido en pocas semanas, el cesio y el plutonio se mantienen en cambio por un par de miles de años en la tierra, en el aire o en el agua. Casi nada. Claro que no se ven, y sin embargo, el enemigo invisible traspasa fronteras, cortinas de hierro y cualquier muro que se le interponga, no conoce límites de ninguna especie, ni geográficos, políticos o militares. Se vive una nueva era. ¿Se la sobrevivirá?

En todo caso el temible GAU, que el malabarismo de

la estadística consideró como posible "en diez mil años" ocurrió ya, ahora, a menos de cinco décadas de reinado de energía atómica. La más limpia del mundo. Tan limpia como que puede dejarnos sin mundo, de puro obsesiva nomás.

Revista FEM, México, 1986

Prototipos, estereotipos, tipos

Una encuesta transmitida por el programa de radio matutino de la SFB –Radio Libre de Berlín (Occidental)– me saca del sopor del verano que este año no llegó. Las chicas de la audición "El momento" salieron a la calle para preguntar a boca de jarro a las mujeres sobre "el hombre ideal". Nada de especialistas o académicas, sino vendedoras, floristas, consumidoras, paseantes. Todas desprevenidas, que ahí está la cosa. Y los resultados me congelan el café con leche a medio camino del desayuno, me retrotraen a mamá –"Con tal que sea bueno y trabajador..." y a doña Julia –"De qué se queja, si su marido no le pega"– pese a los años pasados, a feminismo mediante y democracia industrial europea. Sí. Las pocas que se atrevieron a desear una mezcla de James Dean y Humphrey Bogart –por no pedir mucho– se arrepentían al instante diciendo que "después de todo, un tipo así sería inaguantable, y nunca lo podría conservar para mí sola..." En suma, el modelo "ideal" quedaría más o menos reducido a esta miseria: (Las encuestadas no formularon verbalmente las aclaraciones al margen, así que tuve que darme el trabajo de hacerlas yo misma)

Que sea bueno (que no me pegue)
Que sea trabajador (Que al menos pueda mantenerse a sí mismo, que no robe)
El cuerpo es lo de menos (que no sea alcohólico o drogadicto)
Que tenga lindos ojos (que me mire para denotarme

que existo)
Que se cuide las manos (favor, un poco de ternura)
Que sea limpio (!)

Llueve en Berlín. Y cómo. Desde hace cinco semanas, todos los días y a una hora cualquiera, la incontinencia celestial se derrama sobre todos nosotros. Y si además una hace cuentas, quiero decir que entre chaparrón y aguacero el verano se ha ido escurriendo entre las cloacas, termina una misma convertida en un hongo. Y hay cada hongo. Pilobolus, por ejemplo. Pilobolus es una especie que toma forma a través de violentos choques entre sus esporas, y ya no pregunten tanto porque cuando voy por la calle y me fijo en los hongos con sombrerito que han nacido a diestra y siniestra con esto de la lluvia eterna, nunca sé si me estoy encontrando con un Pilobolus de pura raza. Porque los Pilobolus que conozco son un grupo de Teatro-danza o viceversa que vienen de Washington y que dadas las óptimas condiciones ambientales que se dan por aquí, hicieron un par de excelentes presentaciones en Berlín, durante el Encuentro Teatral del 87. De cómo estas esporas chocaron para producir un cuadro que bien podría llamarse la mujer ideal les cuento ahora.

La figura se llama "Televisitación" y sin miedo a equivocarse se puede asegurar que se trata de un sueño de ÉL, porque ÉL está tirado en el piso, vestido con un pijama a rayas, beige y bordeaux, con barba de por lo menos un día, descalzo y encima... ¡roncando! Intentar la descripción física de la mezcla de gacela/tigre, picaflor carnívora y Mamá, extraña y difícil combinación que sin embargo parece existir, porque ingresa al escenario, a la sazón ELLA, sería agotador. Digamos nomás que es preciosa. Y esto es lo de menos, porque lo que convierte a la chica en una belleza heterodoxa, es el cambio de roles en el que se mete: ahora es mala y feroz, lo golpea –al del pijama–, dos segundos después lo ama apasionadamente, al cabo cae en sus brazos como niña desvalida, se va y vuelve, deja que ÉL se vaya para después perseguirlo, acosarlo. Cuando ÉL decide volver, lo abandona, y así hasta que desaparece. ELLA desaparece. Y ÉL sigue roncando, barbudo y desarreglado. Sucio de tanta batalla. Desprolijo. Arrugado. Bah.

Así que una tiene que ser una mezcla de Marilyn, Carmen y la casta Susana. Así nos sueñan ellos, y nosotras, muchas de nosotras, vivimos tratando de imitar ese modelo aunque nos cueste un ovario, la mitad del otro y un par de coletazos en las trompas de Falopio. Ellos nos hacen a la medida de su deseo, y nosotras obedientes, respondemos. Nos depilamos las piernas, la entrepierna, las cejas, los bigotes y cualquiera de esos malditos pelos crecidos allí donde no deben y que siempre vuelven. Y una se entera que esta temporada "se usa el rubio", y resulta que lo que Salamanca a una le dio no puede ser mas renegrido pero una se mete en mil tinturas con tal de responder a la orden. Ni te cuento cuando comienzan con la historia que te "quiero con los bucles traviesos", porque la fabricación de los rizos le deja a una la pelambre en cortocircuito, que el calor es uno e infinito.

Hasta aquí todavía no he dicho nada. Vamos que ni siquiera estoy en contra. Si ellos no tuviesen una utopía, o varias, de cómo nos quieren, probablemente seguiríamos cavernarias, aunque quizá menos tontas, (pero de eso no trata esta nota), y no habría florecido tanto arte en el mundo. Es decir, los hombres nos sueñan, tienen fantasías en torno a nosotras, y una larga tradición en elaboración del modelo a la medida de su deseo. Y eso se nos nota.

Nosotras, en cambio, aún cuando difícilmente se nos da la posibilidad de demostrar nuestras dotes políticas, parecemos acérrimas militantes de la "realpolitik", es decir "la política de lo posible". Y bajamos el programa al mínimo. El programa, no los sueños ni las utopías, porque parece que por ahí, como somos "realistas", ni nos atrevemos. Permanentemente vivimos negociando y haciendo compromisos del tipo "pero si se baña una vez por semana". O "pero si me levantó la mano fue porque lo provoqué", porque en realidad tenemos miedo. Miedo a que nos abandone. Claro. Estoy hablando de ÉL, EL mismo precioso absoluto objeto de nuestro deseo. Esta política de lo posible, mal que nos pese, no parece ser la que haya producido los grandes cambios en el mundo. Sólo pueden cambiar las cosas aquellos irracionales que pretenden adaptar la realidad a sí mismos, dijo Bernard Shaw, quien habrá tenido sus defectos, pero de feminista no se lo puede acusar. Claro que si una anda por ahí a lo loca buscando utopías o exigiendo la imaginación al poder como los que te dije del 68, resulta solita su alma gritando, mientras una legión de señoras, señoritas y señoronas apenas un poquito más tontas que una, se disponen a hacerse cargo del raquítico árbol que nuestro amor, tan pero tan mal ha pagado. Así las cosas, los muchachos siguen como están, saecula saeculorum. No todos, por cierto, pero los hay y suficientes.

Aburridísimos, domésticos, desdentados, eructantes, gruñidores, inservibles. Mudos. Incapaces de cocinar un huevo, de tomar un bebé de días en brazos. Hipocondríacos y pusilánimes. También los hay brutales. Asesinos y violadores, valientes para la muerte, cobardes para la vida. De todo hay, y sin embargo, cada uno de estos esperpentos no sólo han tenido y tienen posibilidades con nosotras, sino que llegamos a la autodestrucción para retenerlos por miedo a ser abandonadas...

Digo yo, ¿no es que hemos estado exagerando un poco? A elevar el pliego de exigencias chicas, y quien sabe, de esa forma, nuestras nietas se la vean mejor.

Revista La Tortuga, Perú, 1987

Mackie Messer

> *Por la esquina del viejo barrio lo vi pasar*
> *con el 'tumbao' que tienen los guapos al caminar*

Sábado de primavera en la plaza de Winterfeldt, uno de los sitios más convocados de Berlín. Mercado al aire libre que florece puntualmente en fin de semana, entre puestos de mantequilla y queso, unos cuantos tinglados mediterráneos de verduras y frutas, tiendas alternativas, vendedoras de joyas de la India y perlas antiguas recién elaboradas, rasos, canastos, muchos perros y una que otra seda. Con todo, sigue siendo la plaza más ordenadita y prolija que cualquier supermercado de país tercermundista que se precie. Sin embargo, al cabo de un tiempo de estar lejos de los típicos mercados latinoamericanos, hasta para mí la plaza de Winterfeldt es encantadora.

No es que una se olvide. Son los subterfugios de la memoria que instalan sustitutos.

Después del mercado, una cerveza. Y digamos que el "después", no es un eufemismo para definir un tiempo dilatado, sino una hora precisa. A las dos de la tarde, cuando por arte de magia desaparecen tinglados y se desmantelan puestos, mientras las escobas barren sin piedad con todo aquel que no haya llegado a tiempo para sus cien gramos de aceitunas, es prácticamente imposible conseguir un asiento en cualquiera de los variopintos locales de bebidas en torno a la plaza.

El del italiano de la esquina es especialmente simpático. Con sus mesas y sillas instaladas en la vereda contra viento, marea y hasta algunas nieves caprichosas de abril, nos congrega a casi todos. Hacen unos 16 grados de temperatura, pero con sol y en estas latitudes, ya se respira aire tropical. Los chicos corren descosidos, y algunas pocas señoras abren disciplinadamente las sombrillas de playa instaladas al costado de cada mesa. No vaya una a insolarse con exageraciones. Los más, sin embargo, no dudan en desnudarse todo lo posible aprovechando los rayos del benigno.

Dire Straits golpea desde los parlantes y pasa gente en bicicleta o caminando o corriendo en shorts y musculosa. Entretanto yo, que hace un instante tuve la osadía de quitarme el saco, procedo a colocármelo nuevamente para abrigarme como corresponde. En eso los veo. Es decir, todos los vemos.

El rubio, unos treinta años, polo amarillo suelto sin mangas, un metro ochenta aproximadamente de estatura, en este momento aplastados contra el umbral de una puerta, acaba de ser derribado de un portentoso sopapo por el barbudo oscuro, ojos celestes, quizá con unas libras de sobrepeso, campera de jean, y que ahora, aire triunfante lamiéndose el tatuaje del brazo izquierdo, se aleja airosamente, mirando de reojo las evoluciones de su víctima.

El de barba sigue caminando casi hasta el borde de la acera, y ahora se da vuelta con fuerza previniendo el golpe o incitándolo, como se quiera. El otro, zombi, grogui, arrrastrando un poco los pies, se va acercando como obedeciendo una orden inaudible. Cuando se pone a tiro, el de barba le da dos puñetazos, uno en la cabeza, otro en el estómago, y remata con una patada dirigida a los testículos que no llega a cumplir totalmente su cometido, pero deja a polo amarillo doblado en dos. Y así, plegado, se le prende a la campera dando de patadas al aire hasta que el de barba, pie firme, lo empuja otra vez, aunque ahora polo amarillo no se cae, y entonces el otro lo escupe. El gargajo da en el piso, pero polo amarillo se envalentona y dice algo de la policía cuando pasa una furgoneta verde y blanca del lalilalu del orden berlinés, que no los ve. Y el barbón, traicionero, aprovecha la distracción para dispararle otra trompada en dirección a los dientes con efecto en la quijada. Polo amarillo, un zumbido de abejas en el cráneo, comienza a sangrar por boca y nariz. Y entonces recién entonces entra el público en escena. "Un pañuelo, por favor", y polo amarillo se retira del ring para enjugar diente y sangre, pedir fuego y encenderse un cigarrillo en off.

Durante el transcurso de la pelea, de las por lo menos cincuenta personas que estábamos ahí, nadie se movió, nadie gritó, nadie intercedió. Ni siquiera el italiano dueño del bar, con tanto trabajo, apenas si miró preocupado un par de veces por el desarrollo de la contienda. Por qué pelearon, nadie lo supo. Por qué el barbón que parecía dispuesto a matar, y después perdonó la vida, tampoco se supo. Ni una palabra medió entre ambos mientras se castigaban duro, y el público de piedra consumiendo su helado. Inmutable, aunque la sangre llegase a la vereda.

Al poco rato, el de campera de jean cruzó la calle, y polo amarillo desapareció también en sentido contrario.

El silencio, apenas interrumpido por el sorbo de café o los golpes de Dire Straits, siguió siendo el rey.

Revista La Tortuga, Perú, 1987

La esquina del movimiento

Hace tiempo que no veía alguien tan alegre como el turco que pocos meses atrás instaló su verdulería en la esquina, aquí frente al edificio donde vivo. Turco es un decir, porque en realidad, cuando en medio de las papas y tomates de su negocio vi un anuncio de un restaurante kurdo, no tuve dudas. El señor no era un turco "normal" sino que pertenecía a la minoría kurda de Turquía. Y si en Alemania ya es difícil ser "turco", más aún lo es ser kurdo, aún cuando por esos caprichos de la geopolítica el kurdo tiene pasaporte turco.

Porque es desde principios de siglo si la memoria no me falla, que la nación kurda desapareció del mapa de Asia Menor y entonces los kurdos no existen más. Aunque tengan una lengua, una cultura, una forma de vestirse y una forma de vida que no comparten con sus vecinos turcos, soviéticos, iraquíes e iraníes.

Difícil es ser turco en Alemania por esas cosas de la migración económica y de la crisis de los países industrializados. Y más difícil es ser kurdo porque la migración es, además de económica, política. Y que te acepten como emigrante, vaya y pase; pero obtener asilo político, eso ya es palabra mayor. Y vuelvo al verdulero de la esquina.

Mi relación de clienta con él se parece a la que tuve años atrás con el verdulero de mi pueblo en Argentina. Nada de carteles "Prohibido tocar la mercadería", como los que proliferan por aquí. Incluso hay un decreto que ampara al vendedor de frutas y verduras contra aquél que osa posar sus deditos sobre las zanahorias. Nada de manoseos. Con el turco–kurdo es otra cosa. Pruebo la fruta antes de comprarla, la palpo, la huelo, doy vueltas, vuelvo a tomarla, la pongo en la bolsa y hacemos cuentas redondas. Nada de centavos.

Un día para mí, otro para él. Si por un tiempo no voy a comprar, me pregunta que dónde estuve. Si no es él quien atiende el negocio, me preocupo. Y mucho más cuando el negocio permanece cerrado. Tratándose de él, es más delicado a que yo me vaya de vacaciones por una semana. La primera vez, no había abierto porque su niña de cuatro años se había distendido el tobillo y hubo que internarla. ¿Se imagina usted en el hospital a mi niña solita?

No, no me lo imagino, pero aquí es usual, que cuando los niños se enferman sean internados en el hospital. Una suerte de la que no disfruta la mayor parte de niños de este mundo. Y en el hospital a veces se quedan solos. Para el turco-kurdo no. Así que se pasó cuatro días en el hospital acompañando a su niña, mientras los familiares atendían el negocio. El lunes pasado la verdulería estaba otra vez cerrada. Al día siguiente le hice una broma.

¿Así que se quedó dormido? No me imaginé que la cosa fuera grave. La policía quiere expulsar a mi hermana del país, me dijo. Su hermana, una maestra de veintitrés años, dejó todo para venirse aprovechando que aquí estaba su marido, pero como a él sólo le dieron un permiso de residencia transitoria –por tres años– no tiene derecho a traer a sus familiares.

Mi mamá ya es muy viejita, no sabe siquiera hablar turco, y su idioma está prohibido en Turquía, me explica. Porque como los kurdos no existen de acuerdo a la ley turca, todo lo que les pertenece como identidad está prohibido. ¿Y entonces qué? El lunes vamos a la policía de extranjería. Y si a mi hermana no le permiten quedarse como esposa, pido derecho de asilo para ella. Ella no va a regresar a morir, de ninguna manera. Está decidido el verdulero.

Pero sus ojos ya no son los de antes, los de hace seis o siete meses cuando abrió el negocio y resplandecía de alegría. Ahora se lo ve cabizbajo, sorteando con agobio las verduras, en un local donde día a día van quedando los estantes vacíos. Turcos o kurdos, viven en familia, en familia responden, sueñan, sufren o festejan. Y si la hermana está en dificultades, todo anda mal. Como con el verdulero de mi esquina. Lo voy a extrañar.

Al lado del turco-kurdo hay un negocio de venta de artículos para animales domésticos. Buen negocio. Sólo en Berlín se calculan unos 150 mil perros. Uno cada quince personas. La proporción más alta de toda Alemania, donde los perros suman la astronómica cifra de 3 millones seiscientos mil. Alemania una nación de perros, dice un titular del semanario *Die Zeit*.

Pero no es de perros que quiero hablar, sino de pájaros. Porque además de artículos para animales domésticos, el muchacho vende pájaros. Le pregunto si tiene él también un pájaro en casa. Es suficiente con los que tengo aquí. Me imaginaba. Se sonríe. Estos pájaros necesitan mucho cariño. Estoy doce horas aquí con ellos, cuando me voy a casa también tengo que dormir. También él necesita cariño. Le pregunto por los papagayos. Dos hermosos ejemplares se bambolean en una jaula de rejas blancas. ¿Cuánto cuestan? Unos mil marcos, me responde. Un poco menos que un auto viejo. Sí, con la diferencia que ellos viven muchos años. Como 70. Claro, que si él supiera los años que tienen algunos autos que andan por las calles de mi país...

Una cacatúa blanca, grande, con una cresta anaranjada preciosa, comienza a gritar. A las doce tiene salida, me explica el pajarero. Y diciendo esto, abre la jaula que está por lo menos un medio metro por encima de la cabeza del vendedor y pone el hombro invitándola a subirse a él. ¡Ven, vamos! la anima. A la cacatúa le faltan algunas plumas a la altura del cogote y debajo de las alas. Mirándola bien, se la ve bastante decaída, con aspecto de clase media arruinada.

El pajarero desaparece un instante en una habitación contigua, con la cacatúa al hombro. No me digas que se la lleva al baño, pensé. Pero antes que pudiese imaginar cualquier cosa, el hombre ya había regresado sin la cacatúa.

–Todos los días a las doce la pongo una hora frente al espejo, –me dice–, son pájaros que necesitan compañía–, agrega, antes de ponerse a atender a los clientes que acaban de entrar al negocio.

Revista La Tortuga, Perú, 1988

2.– CRONOLOGÍA DE UN DERRUMBE

Huída hacia adelante

El 7 de octubre la República Democrática Alemana -RDA- festejará 40 años de vida. En medio de la huída de sus ciudadanos, y sobre todo, de la rabia de los 17 millones que se quedan adentro, y que esperan poder cambiar las cosas. Todos los días nacen nuevas agrupaciones políticas que esperan obtener una legitimidad y que pugnan por la apertura del régimen más cerrado del Este, después de la Rumania de Ceaucescu. 40 años de socialismo real se desmoronan en función del sueño imposible de cualquier ciudadano que no sea artista, jubilado o funcionario del Partido: la libertad de viajar.

La huída de más de 20 mil ciudadanos de la República Democrática Alemana -RDA- por la frontera húngara está conmoviendo el centro de Europa. No sólo emocionalmente, por cierto. La cuestión alemana, eufemismo del lenguaje local para hablar de la división de Alemania después de la guerra, archivada tanto en el Este como en Occidente, intenta –hasta ahora infructuosamente– ser reabierta por sectores nacionalistas. Los partidos políticos democráticos de Alemania Federal se esfuerzan por adaptar sus discursos a la altura de las circunstancias. En los estados de frontera se respira tensión, y en Berlín, el muro construido hace 28 años podría convertirse en cualquier momento en un monumento a la inutilidad.

Que la Cortina de Hierro se haya comenzado a descorrer por un país del Este, Hungría, era algo impensable hasta hace muy poco. Desde que los húngaros se aburrieron de la dureza de Erich Honecker, el hombre fuerte de la RDA, y decidieron enfrentar el problema de los refugiados alemanes tirando los pactos por la ventana, se volvieron "los traidores" frente a la propaganda oficial. Los de la RFA agradecidos. Y a los húngaros la historia les favorece. Y pese a que ellos son los neutrales de la película, para rumanos y alemanes comunistas ya se han convertido en occidentales. Lo que equivale a una mala palabra y a haberse ganado en cualquier momento un posible muro en sus fronteras.

Aquí los chistes políticos abundan y nunca se sabe de qué lado se producen. "¿Sabes que Honecker ha pedido su visa para la RFA?" dice uno. "¿Y cómo es eso?" le pregunta el otro. "Honecker dice que siempre va detrás de su pueblo..."Tampoco falta el cabaretista alemán que propone la instalación de "biotopos" que generen una jungla amazónica entre la RDA y sus vecinos, para construir "muros naturales".

En suma, desde fines de agosto, cuando Hungría decidió negociar la situación de los refugiados alemanes directamente con Bonn, son más de 22 mil —el momento en que se escribe este artículo la cifra de unos 800 diarios se mantiene— 22 mil nuevos ciudadanos de la RFA, ya que la diferencia entre un alemán y cualquier otro comunista del Este es, que el alemán obtiene inmediatamente un pasaporte de la RFA y con ello, los beneficios de cualquier ciudadano corriente. Quiere decir derecho a vivienda, escuela para los niños, trabajo, o de lo contrario ayuda social, seguro de salud, y todos los derechos sociales y políticos de los alemanes occidentales.

Aunque conseguir una visa para salir legalmente de la RDA sigue siendo muy difícil, la situación se ha ido flexibilizando desde principios de los 80. En l984 por ejemplo, 4l mil alemanes abandonaron legalmente la RDA mientras que solamente en los siete primeros meses de este año han salido legalmente de la RDA ya 47 mil alemanes. Y si la situación con la línea verde de la frontera húngara continúa, serán todavía unos 100 mil más que se esperan para antes de fin de año.

Con la Perestroika, ese agujero de ozono político, se ha descongelado la rigidez básica del llamado "socialismo real" causando la movilización, la libertad de prensa y el éxodo en el Este. La huída por la frontera húngara conmueve la política tanto en una como en la otra Alemania. En primer lugar, reactualiza forzosamente la cuestión alemana, presente en las emociones pero archivada en la práctica por la mayoría de los partidos.

Reactivada por parte de algunos sectores de la derecha, como el partido Republicano –que en Berlín se consagró alcanzando un porcentaje mayor del 7%–, y ahora se esperan las elecciones comunales del Estado de Baviera para ver si confirman las cifras publicadas por el semanario político *Der Spiegel* en cuanto que los Republicanos no obtendrían más del 5 por ciento.

En cuanto a la Democracia Cristiana, el partido gobernante, se ha desangrado en una lucha interna por intentar recuperar terreno frente al avance de la derecha. Geissler, su Secretario General hasta el último congreso partidario, fue removido por centrista, perdiendo su puesto frente al embate Republicano.

Los socialdemócratas, con Vogel a la cabeza, han hecho más de un llamado a los políticos de la RDA a fin de encauzar reformas que hagan posible la democracia en la RDA. Lo mismo claman verdes y liberales en todos los órdenes y en todos los frentes. Sin embargo, pocos políticos han expresado una forma concreta de detener la fuga masiva que pone en peligro el equilibrio económico, habitacional y social de la RFA. Uno de los pocos, el abogado berlinés Körting propuso hacer más dificultoso el tramite burocrático que impida a los ciudadanos de la RDA convertirse inmediatamente en ciudadanos occidentales. El partido Socialdemócrata aclaró sin embargo que "ésa era una opinión personal del abogado" y no una decisión del partido. Porque en el fondo, poner dificultades a los alemanes del Este para su ingreso a la RFA, como pasa con polacos, húngaros, rumanos y checos, equivaldría a reconocer la existencia de otro Estado alemán: la herida esencial de la cuestión alemana.

Hasta ahora los industriales agradecidos. Los jóvenes que llegan del otro lado, sin preparación técnica adecuada y que se asombran de todo, consiguen rápidamente trabajo. Y eso que en Alemania Federal hay casi dos millones de desocupados, de los cuales 26 mil son ex ciudadanos de la RDA y unos 1oo mil polacos, rumanos y rusos. Porque en este éxodo que posibilitó la Perestroika, hay que contar con todos aquellos ciudadanos de ex territorios ocupados por los alemanes durante las dos guerras y que puedan demostrar la existencia de algún rastro teutón en sus orígenes hasta la tercera generación. Un abuelo, un tío, un familiar cualquiera, puede hacer el milagro de convertir en alemán a familias que ya no mantienen ni el idioma de Goethe, pero son parte de los acuerdos logrados entre la Democracia Cristiana gobernante en Bonn con Gorbatchov. Desde entonces, el flujo de los alemanes detrás de la Cortina de Hierro se ha mantenido. Este año se esperan unos 400 mil. El costo para Alemania Federal: Más de 2 mil millones de marcos en cursos de idiomas, 300 millones en entrenamiento laboral, 60 millones en programas juveniles de integración.

Los sindicatos se inquietan, los trabajadores también. Los canales de televisión alertan a los recién llegados contra "aprovechadores" y ofrecen información permanente sobre los sueldos/hora en plaza. ¿Qué hacer? Cuando no se tiene nada, como ellos dicen, "hay que empezar desde cero..."

Motivos de más tienen los políticos opositores para preocuparse: ¿Por quién votarán estos recién llegados, ansiosos de libertad, pero sin experiencia en el ejercicio de la democracia...?

De mantenerse la huida, las elecciones de 1990 van a dar más de una sorpresa.

Revista Caretas, Perú, septiembre 1989

Se corre el telón

Un golpe militar dirigido por el general Víctor Panaiev intenta inútilmente poner orden con mano dura a un país devastado por el caos durante la perestroika de Mijail Gorbatchov. Así comienza un relato de ficción científica que expresa, más o menos a las claras, lo que algunos intelectuales soviéticos sienten con respecto a las reformas emprendidas por el líder de las reformas. Es cierto que las protestas, huelgas, el conflicto de las nacionalidades, y un par de catástrofes naturales están estremeciendo los cimientos de las Repúblicas de la Unión Soviética. Pero si el caos dejó de ser una mala palabra hasta para la ciencia de Occidente que acaba de descubrirlo, quizá el materialismo histórico encuentre nuevas leyes haciendo del caos una propuesta política. La realidad, entre tanto, suele ir aún más allá de todas las predicciones.

Enciendo la televisión. Es el canal 1 de Alemania Federal que acaba de incorporar a su programa habitual una transmisión de último momento: Se trata de la transmisión en directo de "Como sueño la República Democrática Alemana del futuro", que ayer pasó el Canal 1 de Berlín Oriental. Con este asunto del cambio de hombres en la cúpula del partido, del gobierno y las fuerzas armadas en la República Democrática Alemana –RDA– el "glasnost" parece haber ingresado también aquí por la puerta grande. Se trata nada menos que de una discusión en vivo y en directo, frente a miles de personas: Desde el escritor Stefan Heym, prácticamente un disidente en su propia tierra, Philipp Dyck, líder de la Federación Juvenil Comunista, hasta ayer afín a las huestes del defenestrado Honecker, haciendo la marcha de las antorchas durante la visita de Gorbatchov, o el legendario Markus Wolf, ex jefe de los servicios secretos discuten afablemente con la pintora Bärbel Bohley, líder del movimiento de oposición "Nuevo Foro". Parecía increíble. Sobre todo que la discusión haya sido televisada y transmitida por el canal de televisión de Berlín Oriental, y ahora repetido por la República Federal Alemana.

Pero eso no es todo.

El lunes más de 300.000 personas marcharon en la ciudad industrial de Leipzig para exigir reformas. Entretanto, las marchas se vienen repitiendo en Dresden, Jena y también Berlín Oriental. Mientras Egon Krenz, el delfín de Honecker, se aprestaba a hacerse con el gobierno, apretando en sus manos los tres resortes del poder, jóvenes del barrio obrero berlinés de Prenzlauerberg salieron a las calles en una marcha de silencio que no fue reprimida por la policía. "No al Ego(n)ismus" decían sus carteles, por lo demás elocuentes. El domingo pasado, artistas de toda la RDA hacían un festival de rock contra la violencia del Estado, por la paz y por una nueva RDA.

Emotivo.

Imágenes rotundas. Jóvenes que dicen:" Quisieron

robarnos el arco iris, pero los colores siempre vuelven". Son los que protestan, filósofos que buscan elaborar una nueva teoría, científicos que trabajan por un nuevo desarrollo y protección del medio ambiente, gente que se viste con ropa usada y que ha dejado atrás los llamados símbolos del capitalismo. Personas como la pintora Bärbel Bohley, que pelea en la RDA no para salir de ella sino para transformarla."Tenemos que construir sociedades donde la gente no quiera salir, porque allí es feliz", como dijo Gorbatchov en la Unión Soviética. No es extraño que todo el alboroto de la RDA con la presencia de Egon Krenz como nuevo hombre fuerte, una mezcla de Nosferatu y Plácido Domingo en su apariencia física, provoque cierta inquietud de este lado de las cosas. Por ejemplo, aunque de reformas se habla, la gente se sigue yendo en sostenidas cuotas de la RDA, y hay quien dice que ya son más de un millón los que tienen proyectado salir del país. El nuevo régimen no pretende seguir con la prohibición, y el Parlamento ya ha dispuesto que todo ciudadano de la RDA tendrá derecho a un pasaporte y a salir del país hacia donde le de la gana y sin que se le exija una justificación del viaje. Si así fuese y todos pasasen a la RFA, la debacle social que produciría el impacto, difícilmente sería posible de evitar en lo que hace a viviendas, dinero, escuelas, hospitales. Un hueso duro de roer para el gobierno alemán de la Democracia Cristiana que en un pasado no muy lejano seguía propugnando la unidad de las dos Alemanias. ¿Y si ahora fuese cierto?

Mientras en Leipzig el pasado lunes –como ya se

ha hecho tradicional en ese día– más de 300 mil ciudadanos desfilaban exigiendo reformas en la RDA, la vecina Hungría se proclamaba desde el Parlamento como República, acabando definitivamente con el Estado institucional comunista impuesto en l948. Una fecha que para los húngaros no es casual: El lunes se cumplió el 33° aniversario del aplastamiento soviético de la insurrección popular en l956. Represión que causó unas 25 mil víctimas y que los húngaros no olvidan. Aprobada en el Parlamento la ley electoral, que convoca a elecciones generales el próximo año, el código penal, la ley de partidos políticos, y la disolución de las fuerzas paramilitares, puede decirse que el primer ministro Miklos Nemeth, en la cúpula de estos cambios, ha pasado la prueba de fuego.

Tiene 41 años, es hijo del partido que ahora se llama socialista pero que hasta ayer era comunista y prosoviético, y pretende ser el portador de las reformas. El primer ministro Nemeth sabe que el mayor problema a enfrentar de su partido, del nuevo gobierno y de la nueva República, no son las palabras ni las definiciones, sino la falta de credibilidad. Los once millones de húngaros no quieren saber nada de política, y el 80% de las personas no tiene confianza en lo que hacen los partidos. Si las elecciones fuesen mañana por ejemplo, el partido del primer ministro Nemeht no obtendría más del 15% de los votos. Entretanto la inflación se ha elevado al l7 por ciento y la deuda per cápita de los húngaros es la más alta de los países del Este. Reforma no es una palabra nueva en este país, como en la RDA. Al contrario, se viene reformando hacia un lado y a otro desde hace veinte años. Con todo, Nemeth tiene varias ventajas. Se ha rodeado de un equipo de jóvenes pragmáticos, "los cabeza de turco" como dicen sus opositores, que además de ser flexibles, son muy buenos propagandistas y hoy todo el mundo sabe en Budapest, que el primer ministro vive con su mujer y sus dos hijos en una vivienda de 71 metros cuadrados, renunciando a los lujos que implica su cargo. Además, Nemeth es de Monok, la ciudad que en Hungría es prácticamente un mito: De allí era originario también Lajos Kossuth, el legendario líder de la lucha por la liberación del pueblo húngaro en 1848. Kossuth escribió una vez algo que para Nemeth se ha vuelto credo: " La mejor política no es aquella que se resiste a lo inevitable, sino aquella que le sale al encuentro"

Más o menos lo mismo dijo Gorbatchov en improvisada rueda de periodistas durante su visita a Berlín Oriental. "Nosotros no tenemos miedo a las crisis. El mayor peligro es no salirle al encuentro" dijo el líder soviético entonces, como si la Perestroika le hubiese devuelto definitivamente la llave del dinamismo al marxismo, largamente escondida por el rígido estalinismo. El ministro de Relaciones Exteriores soviético, Shevardnadze no se quedó atrás durante su visita a Polonia. "Moscú no tiene ningún problema con la política económica del nuevo régimen, puesto que intenta hacer exactamente lo mismo. También Moscú piensa en una cooperación con el FMI, el Banco Mundial y la Comunidad Europea". El único problema del nuevo experimento polaco es, sin duda, la caja vacía, y Mazowiecki, el hombre de Solidarność que construyó el primer gobierno no comunista de Polonia en 40 años, lo sabe. En Berlín Occidental hay un mercado bastante grande que se llama mercado de pulgas, y al lado de ése, hay otro mucho mayor que no tiene nombre, y que la gente bautizó como el mercado polaco. Allí se puede comprar de todo, de todo lo que en Polonia no se encuentra en el mercado, y a precios muy bajos. Desde principios de año, en que los polacos se lanzaron masivamente a la conquista de dólares, la policía de uno y otro Berlín resistieron a la invasión durante un tiempo. Hasta que se aburrieron. Los polacos pasan desde entonces, casi sin obstáculos, a Berlín Occidental con sus autos cargados de baratijas dispuestos a convertir en moneda fuerte las carencias del mercado de su país. Y no solamente están en Berlín. Al viajar por las autopistas alemanas, se ven coches cargadísimos de cajas: Son los polacos en busca de moneda fuerte para llevar a su país de divisas débiles. Tan difícil como encontrar reservas en la caja de estos países, parecer ser toparse con un comunista en Polonia o en Hungría: "Qué es el comunismo? se preguntaba un caricaturista húngaro hace unos días.."Un cadáver al que le sigue creciendo la barba" se contestaba. Y esto, sin hacer ninguna alusión al régimen rumano de Ceaucescu, por supuesto. El único inmutable, como la macabra historia del conde que hizo famoso a su país.

Revista Caretas, Perú, octubre 1989

¡CAE EL MURO!

Y una ciudad entera se abraza después de 28 años de división

Son poco menos de las doce de la noche del jueves. Hace unas dos horas, ha entrado en vigencia el decreto que permite viajar libremente con la cédula de identidad a cualquier ciudadano de la República Democrática Alemana (RDA) por la frontera de Berlín. Este 9 de noviembre es histórico: el muro de casi 168 kilómetros construido hace 28 años acaba de convertirse en un monumento inútil. Espontáneamente, como tocados por el mismo resorte, la gente de Berlín Occidental comienza a andar: vamos hacia la Puerta de Brandeburgo, el símbolo de la ciudad partida, la costura de la separación alemana. El tráfico es abrumador: autos, bicicletas, gente caminando. Pero se respetan los semáforos y no hay bocinazos. Esto es increíble. Nos acercamos al muro. Son miles que vienen, que siguen llegando. La gente ha ocupado los miradores hasta el tope. Cantan:

¡El muro debe caer! ¡El muro debe caer!

Unos jóvenes se acercan a la pared, la golpean. La gente grita, aplaude. Otro intenta subirse para mirar al otro lado, lo que generalmente vendría seguido de una advertencia de los puestos de vigilancia del ejército y la policía de fronteras. Pero ahora no pasa nada. Siguen insistiendo y jugando. Tentando. De pronto, un muchacho de unos 18 años se trepa al muro y se sienta sobre él haciendo el símbolo de la victoria. Una hora antes una acción de ese tipo le habría costado por lo menos la libertad. Pero no pasa nada. Entonces se pone de pie, rotundo, firme, y ríe, levantando las manos. Es el delirio. Y el grito:

¡El muro cayó! ¡El muro cayó!

Al instante, son cientos que hacen lo mismo, hombres, mujeres, jóvenes y viejos, ocupan la plataforma del muro frente a la Puerta de Brandeburgo: Bailan sobre las cenizas de este símbolo del oprobio, rocían con lágrimas y champaña su alegría y euforia. Desde ahora en adelante, la única frontera será la que cada uno lleve adentro. El muro contra el fascismo estará en las conciencias o no estará. Los símbolos del poder, del autoritarismo, la arbitrariedad y el silencio se derrumban con velocidad sorprendente (ver cronología).

Ver la Ku'damm

Berlín Occidental vive en estos momentos un flujo inmenso de alemanes del Este que vienen a ver la famosa avenida que atraviesa el centro de la ciudad: Ver la Ku'damm y después volver. La policía a uno y otro lado de la frontera, que hasta hace unas horas ni se miraba a la cara, ordena el tráfico conjuntamente. En el momento en que se escribe este artículo las calles están repletas de gente, la famosa Ku'damm ha sido cerrada a los automotores y solo deambulan peatones por allí, los negocios, que cierran religiosamente a las seis de la tarde, harán una excepción este fin de semana, para que la gente del Este vea las vitrinas del Oeste. Entretanto, la grúa de Berlín Occidental se lleva al depósito los autos mal estacionados de eufóricos visitantes del Este. Los famosos "trabis", como les llaman aquí, cargados con una gasolina que apesta por lo impura. Alegría sí, pero no desorden. Hoy, los niños de las escuelas de Berlín Oriental fueron dados de baja:

Id y conoced el Oeste, le dicen sus maestras.

Aquí se vive una fiesta única. Quizá, como dijo ayer el escritor comunista Stefan Heym –prohibido hasta hace pocas semanas por el régimen– frente a las cámaras de la televisión de la RDA, "se vive una revolución gestada por el pueblo quien la está conduciendo con sus movilizaciones. Una revolución que transforma la RDA, conmueve a las Alemanias y seguramente influenciará Europa. Como la Revolución Francesa hace 200 años, como la Revolución Rusa de Octubre".

Un futuro interesante

Pero esta es una revolución pacífica. De una disciplina ejemplar. Con una eficacia igualmente sorprendente. Son días, semanas, minutos que conmueven al mundo. No hay gobierno en la RDA y sin embargo nada ha dejado de funcionar: Las movilizaciones se realizan los fines de semana, o, como en Leipzig, después de la jornada de trabajo. "No podemos ofrecer un rápido bienestar o lujos, ofrecemos a cambio una vida interesante, con la participación en la transformación y gestación de una nueva sociedad" dijo la escritora Christa Wolf en un alegato a sus compatriotas en representación de los artistas e intelectuales del Este. El pasado sábado 4 de noviembre, en Alexander Platz, la plaza central de Berlín Oriental, cerca de un millón de personas, en la movilización pacífica más grande que ha conocido la Alemania de postguerra, exigieron radicales reformas. El lunes fueron unos 300 mil en Leipzig, quienes bajo la persistente lluvia decidieron seguir saliendo a la calle hasta que se den libertades democráticas y elecciones libres.

Los que se quedan...

Hasta ahora los hechos decisivos han tenido dos vertientes. Por un lado, los ciudadanos que comenzaron a escapar al Oeste, primero por Hungría, luego por las embajadas de Alemania Federal en Praga y Varsovia, por último por la frontera checoslovaca, donde un promedio de 200 ciudadanos por hora huyen hacia el Oeste. La otra vertiente, sin duda, es la de los ciudadanos que eligen quedarse y pelean por reformas. El Glasnost también ha llegado a la RDA, de modo que estos grupos cuentan con la televisión, la radio y los periódicos. Parece imposible: gente que hace tres semanas sólo leía los comunicados oficiales se ha transformado, demostrando una excelente capacidad de improvisación, a cada instante hay transmisión en directo de manifestaciones y asambleas donde se discute y se critica todo a todo nivel: No puede haber ya ningún tipo de censura, los acontecimientos van demasiado rápido y son los intelectuales críticos quienes hoy encuentran su instrumento en los medios de comunicación. Se ha vuelto tan interesante ver los canales de TV de la RDA, que un político de Alemania Occidental ha solicitado que puedan verse por el sistema de cable también en la RFA. Quien te ha visto y quien te ve. Hasta hace menos de cuatro semanas, era la televisión más aburrida del mundo, hoy se ha transformado en la más interesante.

Todo es posible

Aquí cunde la convicción que no hay retorno posible, y mientras los berlineses de uno y otro lado se abrazan en apoteósicas jornadas donde no hay espacio para el sueño, una pregunta comienza a esbozarse bajo el río de emociones fuertes: ¿Y ahora, qué?

La apertura del muro sobrepasa todos los cálculos. El canciller Kohl, de visita en Polonia, ha decidido regresar inmediatamente a Bonn. Berlín, regida por la coalición de verdes y socialdemócratas, enfrentada políticamente al gobierno de Bonn, ha recuperado de la noche a la mañana el status de metrópoli del centro de Europa que tuvo en los inolvidables años 20, pero los estudiantes viven en containers porque hay un déficit de 45.000 viviendas. Y hace dos días los comerciantes minoristas han hecho una manifestación en contra del mercado polaco, tolerado por el gobierno, y que está haciendo estragos en los pequeños negocios. Los polacos cruzan la frontera cargados de cigarrillos y bebidas de contrabando que ofrecen aquí a precios irrisorios, con el afán de llevar marcos alemanes de regreso a su país, donde un maestro gana en un mes, lo que aquí un obrero no calificado obtiene por hora. Problemas sociales y económicos e incluso hasta raciales –solamente en Berlín Occidental que tiene algo más de 1.800.000 habitantes, hay 240 mil extranjeros de 100 países diferentes (entre ellos 100 mil turcos) podrían explotar a corto plazo, si el éxodo continuase. Éxodo, en el que ahora, ni el gobierno de Bonn ni tampoco Krenz tiene interés.

Pero aquí es la gente quien decide. Y a juzgar por los últimos acontecimientos, todo es posible.

CRONOLOGÍA
•   7.10. Celebración del 40º aniversario de la RDA con la visita de Gorbatschow. Manifestaciones de grupos opositores son disueltas con violencia por la policía.
•   18.10. Honecker, el hombre fuerte es obligado a renunciar y lo sucede Egon Krenz.
•   23.10. 300 mil personas se manifiestan por reformas en Leipzig.
•   27.10 Grenz anuncia una amnistía para la mayor parte de exilados políticos.
•   3.11. La RDA vuelve a abrir sus fronteras con Checoslovaquia para los ciudadanos que deseen abandonar el país. Miles huyen. Krenz anuncia por TV la renuncia del comité político (Politburó).
•   4.11. Un millón de personas se manifiestan

en Berlín Oriental por reformas.
- 6.11. Se publica un nuevo decreto de libertad de viajar: 750 mil ciudadanos se manifiestan en todo el país exigiendo reformas.
- 7.11 El Parlamento rechaza el proyecto de libertad de viajar por insuficiente. Renuncia del gabinete y del gobierno.
- 9.11 Apertura de la frontera de Berlín.

Revista Caretas, Perú, 9 de noviembre de 1989

El último suspiro de la RDA

Fin del idilio y comienzo de las pasiones

Alexander Platz, la plaza céntrica de Berlín Oriental, era a las 10 de la noche del sábado 30 de junio todavía una muestra de lo que había sido el socialismo realmente existente, y que en un par de horas caería: mucho aburrimiento. Un sistema autoritario basado en la asfixia de derechos civiles y políticos del ciudadano y que se sostuvo cuarenta años a base de otorgar a una inmensa mayoría refugio en los jardines y la seguridad de por vida de jamás pasar hambre o ser desocupado. Una combinación de fútbol, cerveza y películas antiguas por televisión, tal como lo describe Klaus Schlesinger en su novela *Viejos Filmes*.

Un idilio cerrado, bajo eterna tutela, papeleo agobiante y colas inútiles.

Tampoco los que vivíamos en la parte occidental de esta ciudad éramos realmente libres, porque "salir" significaba toparse con los controles estrictos del Estado jardinero que tanto para los de afuera como para los opositores locales mostraba sólo los dientes. Encerrado y todo, metido entre murallas, Berlín Occidental era el símbolo de la libertad: libertad en la cultura, en la educación, en la locura, en el ocio. Una locura por lo demás subvencionada por Alemania Federal para todos los trabajadores y estudiantes y empresarios que decidieran vivir y producir en la ciudad. Y cuando de verdad queríamos pasar "al otro lado", había que armarse de paciencia y tiempo, y entonces también las ventajas de la capital del socialismo real nos estaban permitidas.

Este idilio de uno y otro lado acabó el 9 de noviembre cuando cayó el muro. Por esos días circulaban, a manera de amarga protesta, los volantes que describían el llamado socialismo real: "No hay desocupación, pero nadie trabaja. Nadie trabaja pero todos reciben un salario. Todos reciben un salario, pero con él no se puede comprar nada. No se puede comprar nada, pero todos son propietarios de todo. Todos son propietarios de todo, pero todos son infelices. Todos son infelices, pero todos votan el sistema en las elecciones..."

Desde entonces han pasado sólo ocho meses, pero los acontecimientos se desarrollaron con velocidad inesperada...

Ahora le toca el turno a las pasiones: Es la hora del miedo, la inseguridad, la esperanza, el riesgo. Poco antes de las 12 de la noche de este 30 de junio, no parecen quedar ni huellas de aquel sentido crítico que guió la revolución pacífica alemana: Ahora domina la ansiedad en los hombres y mujeres que comienzan a concentrarse aquí en la Alexander Platz, bajo los letreros recién inaugurados del Deutsche Bank, para hacer efectiva desde primera hora la medida que certifica la unidad económica entre las dos Alemanias. Desde el 1 de julio, los marcos de la RDA, coronados con las imágenes de Marx y

Engels carecen de validez, y han sido devorados por el marco alemán que tiene la capacidad de compra de "Mercedes" y la voluntad ganadora del equipo de Beckenbauer en Italia.

Berlín ha dejado de ser la ciudad "dos en una" desgarrada por el muro: Ahora es un puerto en medio del territorio alemán, en medio del mar del Este, desbordado a falta de Cortina que lo contenga. Alemanes orientales, polacos, rumanos, checos, llegan aquí en busca de artículos de primera necesidad, de trabajo, de televisores y objetos electrónicos. El peregrinaje en busca de El Dorado. La ciudad se ha abierto y sus contornos se pierden en el territorio del Este. Entretanto, el recorrido que antes implicaba pasar a un Estado diferente, lo hago ahora en bicicleta, como corresponde a la lógica y no al absurdo, tan bien internalizado sin embargo, y del que cuesta desprenderse.

Desde hace semanas la policía de Berlín Oriental prácticamente hacía la vista gorda a los controles que desde el 1 de julio definitivamente han desaparecido, pero los que vivimos aquí aún no nos acostumbramos a este desorden y portamos nuestro pasaporte, porque no se puede creer. Han levantado Checkpoint Charlie, el símbolo de la presencia de los aliados en Berlín Occidental, se habilitan las estaciones de metro cerradas al público durante treinta años, se proyecta volver a unir las calles arbitrariamente cortadas por la división, y en la franja de la muerte que bordeaba el muro se organizan fiestas que unen madrugada a madrugada.

La libertad de ahora no tiene límites. Los límites los establece el sistema de economía de mercado al que ingresan definitivamente los alemanes del Este. Sin haber aprobado un curso de entrenamiento básico van a pasar del paternalismo más absoluto al capitalismo más competitivo.

"Visite la RDA mientras exista" proclama la invitación a un tour nostálgico por la que entonces fuera la reina del Este y que hoy está ya liquidada, como los negocios que bordean aquí la Alexander Platz, que dan la imagen de una mudanza total. Los productos de Oriente son reemplazados por los de Occidente así como el dinero y las costumbres. El poderoso hermano de Occidente se hace cargo de las decisiones. La desaparición de los subsidios a los precios, que constituían una parte importante de los salarios reales, supondrá un descenso del poder adquisitivo de los "Ossis" como les califican sus hermanos occidentales, los "Wessis". Alquileres, electricidad, calefacción, agua y otros servicios subirán a partir del mes de enero próximo. La velocidad de este proceso, criticada acerbamente por políticos socialdemócratas, verdes e iniciativas ciudadanas se ha impuesto, y a riesgo de quedar sin aliento, se estima ahora que las próximas elecciones generales que certificarán la unidad política, serán el 2 de diciembre próximo.

Embriagados por las posibilidades de un consumo que les fuera negado durante años, los hermanos del Este no quieren oír malas noticias sobre lo que vendrá.

Poderoso caballero Don Dinero, como dijo el sabio Quevedo.

Revista Caretas, Perú, 30 junio 1990

LA GUERRA TERMINÓ

Impresiones del primer día de la unidad alemana en Berlín

"Nunca más Alemania" susurra un pequeño grafiti en uno de los pilares de la Puerta de Brandeburgo. En este inmenso predio donde hace menos de un año se extendía la línea de la muerte y el muro, se yerguen ahora las tribunas de televisión de todo el mundo. Anoche, a pocos metros de aquí, se izó una bandera alemana inmensa mientras la orquesta sinfónica entonaba el himno nacional y los fuegos artificiales competían con una luna llena de película. Hoy es el primer día de la unidad alemana. La gente va y viene en su recorrido por la tradicional Unter den Linden hasta la Alexander Platz, e infinidad de puestos de venta se ofrecen a los paseantes. Tres muchachos de la Renania (RFA) han venido hasta aquí para vender salchichas con pan, y un vaso de champaña. Hay una cola muy larga esperando, de modo que me decido por el puesto de los turcos un poco más allá, donde se vende el riquísimo pan de sésamo. Uno de los jóvenes me ve:

–Está muy bien el pan... pero le falta la salchicha, dice. Y acto seguido, desfigurado por el calor de la parrilla en los ojos llorosos, arremete con un tenedor gigantesco y coloca una salchicha en mi pan turco. ¿Acaso una metáfora multicultural para combinar los cinco millones de extranjeros de la antigua Alemania Federal en esta fiesta? Lo dudo. Aquellos trabajadores "invitados" y recibidos con júbilo y regalos en la bonanza de los años 60, parecen ser los convidados de piedra de esta unión nacional. Y el gobierno de Bonn acaba de prohibir el ingreso de judíos de la Unión Soviética que pretendían radicarse en Alemania Oriental, en un acto que despertó más de una protesta. Un empellón de humo se nos viene encima y malogra la foto.

Un organito hace sonar un tema de la *Ópera de los Tres centavos* de Brecht: "Qué hermoso fue, el tiempo que pasó... cuando estábamos juntos en el burdel los dos..." Alegría, alegría". Risas de una pareja de jóvenes de Schwerin (ex RDA). A ella se le derrama el vino por las comisuras de los labios. Él está envuelto en una bandera alemana, y no sé qué hacer para protegerme del frío. El sol me espera en un recoveco donde un estudiante dizque de Hong Kong escribe saludos a la unidad alemana en caracteres chinos que vende al instante por tres marcos. Más allá una muchacha ofrece un broche especial: "Tómelo usted mismo: muévalo un poquito y el muro aparece de nuevo". Es una imagen de la Puerta de Brandeburgo, "con" y "sin" muro. "Déme cinco" dice un empleado público fascinado. "Al fin alguien con una buena idea: Sólo basta mover un poco y el muro vuelve". Humor negro para expresar el malestar de algunos ciudadanos de Berlín Occidental con las consecuencias que la unidad depara a la ciudad: Corte de subvenciones a salarios e inversiones, colas en los grandes almacenes, congestión y atascos en todas las avenidas, falta de viviendas, creciente índice de desocupación e incluso de pobreza. Según el influyente semanario *Der Spiegel* al menos un 29% de ciudadanos se opondría a la unidad.

"Cuando cayó el muro fuimos felices. Estábamos casi alegres de ser alemanes" dice, amargo, Günter Grass. El escritor había propuesto una "confederación alemana" para lograr la unidad por etapas y evitar de esa manera el shock que significará el nuevo sistema económico para sus compatriotas del Este. Jóvenes alternativos desfilan con banderolas en medio de la multitud. "Capitalistas del mundo, uníos" dicen sus pancartas. O también "Las enseñanzas de Ludwig Erhard son correctas porque son verdaderas"... Son las mismas consignas de 40 años de socialismo real, sólo que donde antes decía "socialismo" ahora dice "capitalismo" y donde decía Marx debe decir Ludwig Erhard, el padre del milagro alemán occidental. Con esta *quasi* fe de erratas histórica, los jóvenes intentan evidenciar lo que consideran un traspaso irreflexivo de un poder a otro, de un sistema a otro. Son los mismos que en el pasado otoño enarbolaron la consigna que llevó el movimiento de resistencia alemán a la victoria: "Nosotros somos el pueblo". La euforia de la unidad los ha dejado en la oposición. "Ven con nosotros RDA, nos vamos todos a la RFA", leo en la pared de enfrente.

Al otro lado de la Puerta de Brandeburgo, tres jóvenes, uno de ellos más o menos borracho, con el pelo rasurado, botines militares, camisas blancas y jeans americanos, hacen flamear la bandera alemana mientras agitan antorchas encendidas. Nadie les da demasiada importancia, pero ellos se sienten representados en la consigna "Alemania, patria única y unida" y aunque apenas conocen el himno nacional, cantan aquella estrofa prohibida desde que cayera el nazismo: "Deutschland, Deutschland über alles". Una provocación que recorre estadios de fútbol y también los pasillos de más de un edificio de la Comunidad Europea.

Pero yo sigo caminando entre los puestos de venta de comidas de todos los países, más o menos ensordecida en las esquinas con la música disco que emana de los parlantes, y de vez en cuando envuelta en el tufo de algunos borrachos. De pronto oigo los sones de "El cóndor pasa". Son los chicos de un grupo folklórico de peruanos que se encaminan a la Alexander Platz a dar su concierto habitual por algunas monedas. Lamento por esta vez no darles un centavo ni escucharlos, pero a las 18.30 está anunciado un concierto de la orquesta del Ejército Rojo en la Plaza de Carlos Marx, tradicional playa de estacionamiento, y por hoy loteada en escenarios y en pista de baile colectivo y furioso. Trecientos mil soldados rusos estacionados en el antiguo territorio de la RDA se irán a casa en el lapso de los próximos años y el gobierno alemán se ha comprometido a costearles un oficio que reemplace al de la guerra. La-lalai-lalai-la...suenan las balalaikas, el público acompaña con las palmas, bailan las parejas. En este instante siento la despedida de un mundo. Chau soldados. Pasan aviones, helicópteros, suenan sirenas de la policía, la música disco estalla aquí enfrente, pero nosotros no oímos. Estamos sumergidos en la pasión de otros sonidos, en el ritmo, en la gracia,

Mi Berlín: Crónicas de una ciudad mutante

en esa mezcla de temperamento y hermosura que desplazan músicos y bailarines en el escenario. Miro a los alemanes a mi alrededor, los ojos húmedos, volverían a enamorarse en este instante.

En la Alexander Platz la policía lucha contra anarquistas que rompen vitrinas y paciencias, y saludan con molotovs a la unidad alemana, pero nosotros ni nos enteramos. Ya de regreso, me sorprende el acento de un joven en un puesto vendiendo pedazos de muro. Podría ser sudamericano, pero no habla español. "También yo soy berlinés" le dice a un turista de la República Federal en pésimo alemán. Lleva puesto un casco militar de los que cuestan veinte marcos. Lo miro, me ofrece el casco para que me lo ponga, y me apunta con su flash. Como premio me regala una foto, testimonio de cuando él arrancaba pedazos de muro: En la fotografía sostiene el taladro como si fuera una ametralladora. ¿Reproducirá mi rostro en mil y una postales este canalla?

La guerra terminó, sí, y hoy por hoy, no se puede decir que la perdió Alemania.

Revista Caretas, Perú, 3 de octubre de 1990

3– BERLÍN, BERLÍN

Bajo el suelo de Berlín

Estación de Mehringdamm, Kreuzberg. Siempre me pareció más desnuda que las otras, acaso por sus paredes sin revocar, pura piedra. Y esa profusión de rieles a uno y otro lado del andén, que se me antojan a la intemperie. Hierro y granito en este punto de confluencia entre el norte y el sur de Berlín. Antes estábamos aquí muy cerca del muro. En el siglo pasado quiero decir. Llega el tren. Subo. También allí suben un montón de niños de un Kindergarten. Se sientan disciplinadamente en los asientos. Una de las niñas se arremolina contra mi cuerpo. La dejo porque me gusta. Creo que ella no se ha dado cuenta de este contacto. Aquí hay nueve, dice una educadora a la otra. Nueve aquí también, le responde ella desde el otro extremo del vagón. Está bien. Están todos. Menos mal que no falta ninguno porque el tren hace rato que está marchando. Los chicos parecen autómatas. Algunos dormitan, otros mueven pasivamente los pequeños pies que no llegan al piso, no se tocan, no hablan entre sí. No se miran. Los siento tan solos, pobres niños, llenos de responsabilidades. Seguro que la educadora les ha dicho, vamos a hacer un viaje largo, vamos a Tegel, no quiero verlos haciendo cosas extrañas. Tranquilos. Y se le caen los ojos de sueño. Está aburrida, seguramente cansada también. No creo que tenga ganas de nada. Un chirrido electrónico me saca de la vida de la maestra y se mete en mis oídos. Pip

pip-piep-piep dale que dale. Dos de los niños juegan con el aparatito endemoniado. Pip. Pip. Piep-piep. Desasosiego. Nadie dice nada. La educadora cierra los ojos. Se duerme lentamente.

Tengo una cita en la Villa Borsig, en Tegel. Una Mesa Redonda Internacional sobre refugiados en el mundo. Debo entrevistar al único representante latinoamericano. El delegado oficial de México. Tengo por lo menos media hora de viaje. Llevo conmigo toda la información para leer en el metro, a saber: Una lista de los asentamientos de refugiados centroamericanos en México en los Estados de Chiapas, de Campeche y de Quintana Roo. La península de Yucatán: Allí viven los mayas, se broncean turistas alemanes y norteamericanos y está el asentamiento de Cancún que no es de refugiados... También el Testimonio de los Obispos del Pacífico Sur sobre la situación de los campesinos guatemaltecos refugiados en México. "Qué triste es la vida de nosotros los refugiados, los pobres campesinos, cuánto hemos sufrido. Hemos sufrido hambre, largas caminatas en el lodo, hemos dormido sin cama en el frío y bajo el agua, con el ejército día tras día pegado detrás de nosotros hasta que salimos a refugiar en el territorio de México..."

¡Kochstrasse!
Aquí se anuncia por parlantes el paso de una estación a otra. Y la advertencia antes que parta el tren: ¡Zu-rück-bleiben! ¡Apartarse!! "Esta es la última estación antes de entrar a la zona de Berlín Oriental", agregaban los guardias. Avisaban a los desprevenidos

que en las próximas estaciones, –¿cuántas eran? tres creo, no, hasta la Friedrichstrasse, –eran dos– no se podía bajar nadie. Era territorio prohibido. El tren marchando a velocidad controlada pasaba a ritmo muy lento por delante de las estaciones semioscurecidas, ventanas y puertas, todo cerrado. Guardias de uniformes grises se asomaban desde los rincones en penumbra a mirar el paso del tren mientras apuntaban con sus armas largas. Siempre listos.

¡Berlín Stadtmitte!
Ahora el tren se detiene aquí. Desde fines de abril comenzaron a habilitarse las antiguas estaciones. Ni quiero pensar en el tufo a historia enmohecida que habrá recibido a los albañiles. ¿Cómo era antes? Cinco años atrás hacía dos veces por semana este recorrido, en dirección a Tegel, donde daba clases de español en la Universidad Popular. Estaciones fantasmas, envueltas en penumbra, día y noche controladas. Que nadie huyese, eso controlaban.

¡Französische Strasse!
Otra de las estaciones recién habilitadas. Sube un montón de gente. Gente que vivió siempre de este lado, gente para quien la existencia de la otra ciudad era de vez en cuando un zumbido bajo los pies, el tren subterráneo, como me dijo aquella vez ese joven. Físico era. Y nada más. El Oeste era el mundo de abajo, las brumas del inconsciente. ¿Qué hacía esta gente antes de la habilitación, cómo vivían, qué soñaban? Lo mismo se preguntarán ellos de nosotros, cómo haber vivido así, uno bajo los pies

del otro. Cerrar la puerta. No se habla de lo que no se ve, y lo que no se menciona no existe.
"¡Zurückbleiben!"

¡Friedrichstrasse!
Esta estación es eterna. La única estación del Metro que servía para que el Oeste pasara hacia el Este. La cuestión alemana, el conflicto Este-Oeste, el choque –¿o acaso encuentro?– entre socialismo y capitalismo se daba aquí, en esta estación de tren. Sucia, oscura, laberíntica, con pasillos que no conducían a ninguna parte y vómitos en los recovecos. El paso del Oeste al Este ocurría aquí, en una estación de la tierra de nadie. Aquí venían los extranjeros y los alemanes de Berlín Occidental y los polacos y los alemanes de Alemania Federal y cada uno pasaba por su respectivo túnel de cartón prensado al encuentro con la nada. Y a esperar se ha dicho. Una arquitectura apoyada en espejos que hacían las veces de cielo raso había logrado el milagro de convertir las largas colas de turistas, curiosos y uno que otro mercader en transparentes. Así que el guardia fronterizo que controlaba mi pasaporte veía además de mi nuca, mi espalda, mis manos, mis talones. Este era el mundo donde los borrachos del lado capitalista de la ciudad venían a nutrirse de bebidas a precios bajos, sin impuestos, porque en esta estación de frontera el mercado era libre. Friedrichstrasse es la única estación del Este que aún no ha cambiado de aspecto. Ni la mampostería ni los compartimentos con espejos existen ya, pero sigue igualmente sucia. ¿Igualmente de nadie? Recuerdo ahora la pieza de radioteatro que escuché el pasado

lunes en el auditorio de la radio. Irina Liebmann. Una autora que se atreve. Una escritora que salió antes del otro lado y se quedó en éste. Y un director del departamento de radioteatro que también se atreve. La pieza de radioteatro de Irina es una pintura de los días de marzo de este 1990 en Berlín Oriental poco antes de las primeras elecciones libres en el territorio de la que entonces aún era la RDA. Irina vuelve a su barrio original, quiere encontrarse con la gente en las calles, en los cafés, saber qué piensan, qué sienten, qué dicen. Sus impresiones sobre los actos políticos, las discusiones, los Vopos todavía en la frontera.

"Nunca más volveré aquí. Nunca más" piensa la protagonista. Así termina el radioteatro.

Todavía tres estaciones antes de llegar al lado Occidental de la ciudad.

Oranienburger Tor. Un zumbido bajo los pies.
Nordbahnhof. ¿Algo se mueve aquí abajo?
Stadion der Weltjugend. De la juventud del mundo. ¿De cuál?

Habilitaron un nuevo mundo. Ataron este mundo al carro del otro. No. Si éste es otro mundo. ¿Otro? Brilla la pintura fresca sobre las viejas estaciones recién rejuvenecidas, los afiches de propaganda intactos en sus marcos, ni una mancha, ni un grafiti, ni una grosería que altere la publicidad. Autos, viajes, cigarrillos, bebidas, chocolates, la felicidad consumada. Un canciller para Alemania. La única

propuesta multicultural es una marca de cigarrillos. Come together... Todo es igual de este lado, sólo que más nuevo.
"Nunca más regresar" retumba en mi oído. ¿Como se hace para no regresar jamás de dónde uno proviene? ¿Como es el exilio, la migración perfecta?

¡Reinickendorf!
La primera estación del Oeste nos sale al encuentro al fin del túnel. Otra vez la luz, aunque sea artificial. Eso era antes. Ahora ya no hay diferencias. Todo se ha borrado. Todo símbolo del pasado ha desaparecido. Dónde quedó la RDA, donde está ese Estado, preguntaba el periodista extranjero, al ver las topadoras en Checkpoint Charlie. ¿En la cabeza de las gentes?

¡Wedding!
Sube un turco. Seguramente un Gastarbeiter, uno de los trabajadores invitados. Tiene las manos gruesas. Lleva una gorra, es musulmán. Se sienta al lado de los niños que siguen jugando con el inefable aparatito electrónico. Los mira con fascinación, no entiende, o acaso entiende todo, pero Alá no está de acuerdo con tanto progreso, entonces dormita. También él...
¿Cómo irse de un lugar para nunca más regresar? ¿Llevándose el lugar con uno? ¿Como aquel personaje de Brecht que llevaba un ladrillo consigo para enseñarle al mundo como era su casa..?

Voy a una mesa redonda sobre refugiados. Gente

obligada a huir, obligada a partir, a dejar la taza de café caliente sobre la mesa, el pan en el horno... corriendo para salvar la vida. ¿Qué vida existe fuera de lo que nos es cotidiano, familiar? ¿Qué poesía más allá de la lengua materna, de las canciones de cuna, del canto de la cosecha?

"Para los guatemaltecos se trata no sólo de salvar la vida sino también la comunidad, sus costumbres, sus tradiciones, la lengua, sus trajes y sus santos, su manera de relacionarse, de rendir culto a sus muertos..." sigo leyendo el documento de los Obispos.

¡Leopoldstrasse!
El turco se duerme, definitivamente. Una anciana se instala a su lado. Teje. Uno de los niños que jugaba con el aparatito electrónico se lo devuelve a su dueño. Necesita desocupar sus manos. Ahora saca un jugo de naranja de su mochila escolar. "No problem" dice en su bolsa, escrito en grandes caracteres. Los ojos de varios sedientos o apenas chicos con ganas de compartir el jugo lo miran. El no los ve. No ve a nadie. Sólo él, su jugo, su pajita, y comienza a succionar. Su compañero de juegos lo mira desde su incredulidad. Ese zumo al alcance de sus manos, a diez centímetros de su cuerpo, a cinco centímetros de su boca, de sus labios, de su saliva, ese jugo no le pertenece. Está allí y lo respeta. Le han enseñado a no pedir, por eso sabe que no tiene que dar lo que es suyo. El principio de la propiedad se siente desde niño. ¡Zurückbleiben!

¡Kurt–Schumacher–Platz!
La anciana echa rápidamente un vistazo al plano. Todavía le falta un trecho. Vuelvo a la lectura.

"Los refugiados guatemaltecos llegan la mayor parte a México indocumentados, con lo puesto o con algunas pobres pertenencias que han podido rescatar en su éxodo. Son campesinos indígenas en su gran mayoría, abundan las mujeres, viudas, huérfanos, ancianos. Son víctimas de la represión militar en su país. La violencia los ha desarraigado de su lugar de origen, de su medio vital: aldeas, comunidad, tierra y familia. Han sido testigos de atropellos a la dignidad humana, les han quemado sus ranchos y siembras, secuestrado y asesinado a familiares y amigos..."

No pareces de este mundo, me dijo Gigi el día que me enseñó a utilizar el Metro de esta ciudad extraña a principios de los ochenta. ¿Cómo que no parezco...? Nadie tiene tu mirada, me respondió. ¿De asombro, de encanto con la vida? Necesité inventarle un nombre al tren subterráneo para salvar las distancias y el miedo. La serpiente amarilla se llamó.

¡Scharnweberstrasse!
La llegada a la estación de superficie interrumpe el paréntesis nostálgico. El mundo recobra la luz del día, brilla el verde rezagado y estalla en los árboles el color del otoño, el cielo sobre Berlín, sobre todo Berlín, resplandece de sol. Los niños se despabilan. Como animales domésticos saben que se acerca

el destino final, que pronto podremos bajarnos y comienzan a dar señales de vida. El turco también. La anciana que teje levanta los ojos. El mundo existe. Ya no es que sigamos viajando sin saber adónde. Ahora tenemos la prueba que a alguna parte llegaremos. Los ojos todavía somnolientos del viajero se desperezan para mirar los frutales y jardines que se asoman al borde de las vías. Los chicos saltan de sus asientos, el dueño guarda el infernal aparatito electrónico en su mochila, "No problem" se sorbe la última gota de zumo frente a la mirada definitivamente desesperanzada del resto del mundo. Mis dedos redescubren el apunte olvidado y mis ojos no se resisten a seguir leyendo.

"Son los pobres los que ponen a disposición de otros más pobres que ellos su tierra, su agua, sus frutos, milpa y sobre todo la fraternidad de acompañar al que está en desgracia..."

¡Holzhauser Strasse!
Dos niños suben con su madre. Ocupan los únicos asientos libres en el rincón opuesto del vagón. Ella parece venir de la India o acaso Pakistán. Los niños hablan alemán. *S–Bahnhofes* dice el pequeño y la niña lo corrige. *S–Bahnhofen* debes decir si quieres hablar correctamente... Rezagada sube una señora con su periódico aún doblado entre los dedos. Ya no hay sitio para sentarse. Entonces se detiene frente a la madre con sus dos niños, y sin dirigirle la palabra, sólo con señas, le exige el asiento. Nadie entiende, la señora de la India y sus niños tampoco. Pero se

Esther Andradi

levanta, acaso porque de todas formas en la próxima estación hay que bajarse. La mujer se sienta. Ni gracias le dice. Desenvuelve su periódico y comienza a leer el titular del día:
Darf ein Mieter mehr als 30 Minuten in der Nacht duschen?
"¿Tiene derecho un inquilino a ducharse más de 30 minutos por la noche...?"

Minutos más tarde el tren lanza un suspiro definitivo. Frena. Hemos llegado a Tegel. La última estación del recorrido.

¡Alle aussteigen! ¡Zurückbleiben!

Octubre 1990
En: Vielfalt der Stimmen, Jovis Verlag 1995
Inédito en español

La marcha silenciosa

El extraño grupo de manifestantes recorrió las arterias del centro de Berlín Occidental en silencio. Los únicos gritos los proporcionaban los carteles más o menos artesanales donde se leía: "Por mejores salarios" "Justicia e igualdad". Algunos paseantes miraron estupefactos y los más atropellados por alguna cita que se les venía encima, siguieron su camino sin dejarse conmover por la marcha de los más pobres en esta República de la opulencia. No eran políticos ni sindicalistas ni emigrados del Este ni extranjeros. Eran niños marchando de las manos de sus madres, padres y educadores. Exigían mayor cantidad de guarderías estatales, mejores salarios para los maestros jardineros, más educadores para cada vez más niños...

Durante tres meses se extendió la huelga, la más larga de los últimos diez años. Y la levantaron a fuerza de obligarse a creer en promesas, pero sobre todo porque la situación era insostenible. Nadie que tenga una familia en Alemania Federal o Alemania Oriental puede darse el lujo de enfermarse durante tres meses seguidos. No hay tías ni primas ni abuelas que se encarguen de los niños. Desaparecida la red social de la sociedad en transición, o bien el Estado asume los costos del cuidado de los niños, o el trabajo corre por cuenta del cónyuge que se queda en casa. La mayoría mujeres.

En realidad, el asunto viene desde hace muchos años, y tiene que ver con el concepto con que Alemania Federal encara los asuntos de familia. Los opositores hablan de una sociedad enemiga de los niños y las mujeres. Tener un hijo en este país, uno de los más ricos de la tierra, no es alentador y las mujeres lo piensan mil veces antes de decidirse. Tanto que Alemania Federal tiene una de las tasas de natalidad más bajas del mundo. Guarderías o esterilización, parece ser la alternativa, aunque las hormonas se resistan a dejarse sitiar por muros de contención.

"Decidirse por la maternidad implica elegir la soledad y el aislamiento" dice Ingrid, mi joven vecina, ex secretaria cuyo marido gana lo suficiente como para que ella no se vea obligada a retornar al trabajo. "Pero no se trata de una obligación... A mí me gustaría hacer algo, ¿pero cómo...?" En Alemania Federal, una sociedad organizada por excelencia para la producción de bienes, hay un espacio limitado para las demandas de tipo social, y eso a pesar del sello que los períodos socialdemócratas imprimieron al Estado productivo y rico que es Alemania hoy.

En la ciudad de Berlín, de situación privilegiada en comparación con otros Estados de Alemania Federal, sólo uno de tres niños tiene posibilidad de ingresar a una guardería estatal, mientras que el porcentaje de mujeres que trabaja fuera del hogar no supera el 40 por ciento, de las cuales, la mayoría no son madres, o tiene hijos ya crecidos. El divorcio es casi una regla para las parejas con niños mayores de tres años.

Muy diferente hasta ahora había sido la situación de las "hermanas" alemanas de la RDA, al otro lado de la frontera. Allí un sistema consolidado en cuarenta años de autoritarismo y que requería a la mujer como un objeto más de la producción, se vio obligado desde sus inicios a introducir la igualdad de salarios, el derecho al aborto y suficientes guarderías infantiles. No es que la situación de las mujeres en general haya sido envidiable, pero la presencia de servicios sociales facilitó su independencia y desarrollo. De ahí que un 90 por ciento de ellas trabajasen fuera del hogar y estén altamente calificadas, mientras que a la vez existe una de las más altas tasas de divorcio del mundo y una de las cuotas más elevadas de madres solteras.

"Para qué casarse si el Estado me proporciona lo que necesito" era la lógica hasta hace unos meses. "De casarme, hubiera tenido realmente más trabajo" confiesa Jutta, madre joven de la ciudad de Wittenberg, quien me hace alusión a que los hombres de la RDA tienen fama de ser más cómodos que los de la RFA, "esperan que te hagas cargo de todo lo de la casa, así que para qué cargar con ellos... Mejor tienes un hijo pero te quedas soltera."

Claro que las ventajas de ayer, dudosamente se conservarán mañana. A pocas horas de la firma del tratado interalemán, que regula el traspaso de la República Democrática Alemana al sistema de economía social de mercado, los derechos sociales del pasado se evaporarán como por arte de magia. Ya hay un millón de desocupados en la parte oriental de

Alemania, la mayoría mujeres. Eliminada la cláusula de la constitución que aseguraba "trabajo para todos" en el llamado socialismo real, las mujeres son las primeras en regresar involuntariamente a casa. Cierto que el futuro parecería promisorio: La aplicación de la economía social de mercado en todo el territorio alemán promete para los pobres del Este la misma acumulación de riqueza que en Alemania Federal. Claro que "social" pero con altibajos, en ciertos aspectos como en el caso de las guarderías, se acentúa "mercado". De modo que marchas como la de Berlín Occidental pueden volverse cotidianas en el futuro, del "otro lado" de Alemania.

La pregunta es, hasta cuándo seguirán siendo silenciosas.

Revista la Tortuga, Perú, 1990

Tango a la rusa

Ocurrió en la última semana de noviembre, cuando el sol desaparece del horizonte y sobre el cielo de Berlín se cierne una panza de burro gris oscuro que, según malas lenguas, estimula depresiones, ayuda a articular crueles poemas y es efectivo en proselitismo suicida. El ocaso comienza desde las tres de la tarde y las noches son largas. Claro que no tanto como en Moscú, pero sí más poderosas que en Ucrania, donde todavía brilla el sol. Y la historia de Vladimir tiene que ver con Moscú, donde nació, pero también con Ucrania, donde conoció a Luzmila, el amor de su vida, una muchacha de 19 años con quien habló de dios y el mundo durante ocho intensas horas, cuando la conoció. Una conversa donde Vladimir se ofreció como libro abierto a la dama, en cuyos pliegues de silencio él se quedó enredado. Luzmila miraba y miraba, fascinada por la fogosidad y el delirio de sus historias, pero cautelosa, apenas se rozaron la punta de los dedos antes que Vladimir partiera a Alemania a continuar su servicio militar obligatorio.

Si arrastré por este mundo, la vergüenza de haber sido, y el dolor de ya no ser...

Hay que haber viajado alguna vez por esos pueblos perdidos de la antigua Alemania comunista para percibir cómo se le paran a una los pelos en la nuca de tanto abandono concentrado. Los destacamentos militares soviéticos son el colmo de la austeridad en un paisaje desolado donde emerge de vez en cuando una estatua de Lenin saludando al Ejército Rojo. Como si eso fuera un alivio contra el frío, el hambre, el aislamiento. Cien años de soledad condena a los soldados rusos que permanecen aquí estacionados, percibiendo los magros sueldos de un sistema que se desgrana como una bolsa de maíz despanzurrada. Los soviéticos, instalados en las inmediaciones de Berlín, venden sus uniformes, sus emblemas, sus insignias, incluso sus armas para no morir de hambre. En casa no se está mejor. Los recién retornados viven en carpas de campaña en las afueras de Moscú. Con este frío. Vodka tienen también. Y de vez en cuando los visitan amigos, se emborrachan y sueñan juntos que es octubre. ...

Y el dolor de ya no ser...

Pero estamos en noviembre y la luz se va temprano. Carta para Vladimir. La terrible noticia. Luzmila con otro. "De otro, será de otro... Como antes de mis besos..." Ni los versos de Neruda sirven para contener su pena. Con Luzmila se apaga el último sol de Vladimir en noviembre en Bernau, el oscuro destacamento en las afueras de Berlín. La ciudad que el soldado nunca conoció pese a estar estacionado desde hace seis meses en las afueras. Vladimir no ha dormido en la larga noche, ha llorado sobre la frazada de fieltro gris y su alma tiene un forado.

Yo bebí incansablemente en la copa de dolor...

... los versos de un tango que jamás escuchó le atraviesan el corazón. Sale de su celda de campaña con la esperanza de ser descubierto por la guardia y ejecutado. Pero la guardia duerme el sueño del enemigo ausente. Entonces se sube a un tanque y comienza a andar. Dirección: Berlín. Son las cinco de la mañana del 19 de noviembre y la ciudad emerge de las sábanas con un notición que no parece de lunes: VIENEN LOS RUSOS

Si crucé por los caminos como un paria que el destino se empeñó en deshacer...

Apenas unas horas antes, la policía se había enfrentado con los grupos más radicales de la escena berlinesa, los ocupantes de casas en la parte oriental de la ciudad, y con las justas aprobó el examen. Los muchachos les arrojaron molotovs desde los techos de los edificios, bautizados por sus precarios ocupantes como **los maricas retozando en el charco** y **sueños de madres lésbicas** y constelaciones semejantes. El objetivo desalojo se cumplió a rajatabla, y de paso rompió la endeble coalición roji-verde dejando en la calle al alcalde socialdemócrata. Pero ¡¿un tanque?! Un tanque es otra cosa. Porque habrá paz, pero el fierro está allí marchando y no hay nada que hacerle. Adentro llora un ruso su desengaño ay, que el amor no es negociable, y también él quiere ver la Ku'damm y después morir.

Hay que imaginarse la perplejidad de los guardianes del orden. Qué desamparo. ¿Cómo diablos se para un tanque? ¡Y uno soviético de esos con gasolina como para llegar hasta España!

Durante algo más de cuatro horas, el tanque soviético conducido por Vladimir cruzó la ciudad de Berlín de punta a punta. Y como la policía no sabía qué hacer, acabó por escoltarlo, haciendo sonar sus sirenas. Al paso de tan extraño convoy un policía provocó dos accidentes. Nervios del oficio. Vladimir buscaba la muerte y se sorprendía que demorase tanto en llegar. ¿Tanto había cambiado el mundo?

Hace treinta años, cuando Vladimir aún no había nacido, los locos del 68 proclamaron "haz el amor y no la guerra". Ahora, el agujero negro de la perestroika convierte de la noche a la mañana en chatarra los miles de tanques rusos estacionados en Bernau. Pero ¿cómo se hace el amor cuando sólo se aprendió a hacer la guerra? se pregunta Vladimir mientras se lame las heridas del desengaño en la cárcel del destacamento. Apenas unas semanas antes, su viaje en tanque por Berlín hubiese puesto a Europa al borde de una hecatombe. Hoy sólo le sirvió para confesarle al mundo su gran amor...

Por aquellos ojos brujos yo habría dado siempre más...

Que los caballeros se lanzan a la guerra por "quítame estas pajas" nunca me había quedado tan claro. Cierto que si a una le diesen a elegir, más vale el por amor muero, de Vladimir, que el morir matando de otros varones, por despecho de alcoba o del alma. Así que la guerra en vez de. Y las mujeres, ¿que hacemos frente al no del príncipe? ¿Calceta...? ¿O nos dejamos morir del disgusto?

Revista La Tortuga, Perú, 1990

De roles y rollos

Strada quiere decir calle en italiano. **Strada** es también el nombre de una histórica película de Fellini donde a Giulietta Masina la obligan a casarse con Anthony Quinn, que hace el rol de Zampanó. Van de pueblo en pueblo y la bella anuncia "Zampano ha arrivato. Ha llegado Zampanó" para que la gente se reúna en torno a las proezas de la bestia Quinn. **Strada** se llama también el café que está al pie del edificio, donde trabajo en la calle de Potsdam.

Es una calle de nombre interesante, que suena a castillos y pactos de no agresión, y a principios de siglo era el rincón de los ricos de este Berlín mutante. Ahora es la calle de los bancos, los medios de comunicación y los burdeles. Es la metrópoli, por encima de la modesta provincia de sus adyacencias. Cincuenta metros son suficientes para comprenderla. En la esquina, un edificio de cristales pintados al rojo vivo anuncia "la más picante de la ciudad" y luego carteles luminosos, de noche, porque de día de luminosidad no tienen nada, anuncian que se trata del **Primer supermercado de sexo** de Berlín. Los horarios también son de supermercado, por lo menos los de ingreso. Desde las nueve de la mañana y hasta las cinco de la madrugada para todo el mundo de más de 18 años. Al lado, **amore mío**, un restaurante turco, que atiende día y noche. Más allá un chifa de comida rápida, y al costado el **Casino**, un club turco donde sólo se permite el ingreso a hombres. Casino compite con **Baccara**, otro club misógino pero en este caso multicultural. En venganza, apenas unos pasos más adelante **Begine**, una cafetería y centro cultural donde sólo ingresan mujeres. Y para rematarlo, **Pelze**, una discoteca sólo para chicas, cuya frescura se estrella con la imponencia religiosa del Commerz Bank.

En el medio de tan pintoresco entorno se cierne **Das Medien-Haus**, un edificio de fines de siglo, un milagro si se piensa en el destino berlinés. Ahí se concentran diferentes medios de comunicación. Una radio alternativa, dos agencias de noticias, una agencia de fotógrafos de prensa, una editorial, una imprenta y la oficina de periodistas independientes donde trabajo. En la planta baja, una librería. Y al lado de la librería, **Strada**, el café donde tomo el capuchino de la media tarde, y me dejo estar mientras miro pasar el mundo de estos confines.

En la mesa del rincón, a mi derecha, frente a la ventana, y al borde de las flores atravesadas por una aguja de fierro que las somete a ikebana obligatoria, se sienta ella, la mujer mas bella de la Potsdam. Pelo negro azabache, ojos azules, labios rojos, piel de porcelana. La voz de metal. Dura. Y a la vez suave como piedra al borde del río. Ella es la organizadora de las prostitutas de esta calle, editora de la revista Lilith, que habla de las mujeres malas de la historia. Porque ella también es desobediente, no se conforma con cobrarle a los hombres, también quiere que la cosa sea legal, que se sepa quiénes son los que gozan arruinando los bellos cuerpos de cristal de las mujeres de mi calle. Ella conversa con otra mujer, que lleva pelo corto, cuerpo cimbreante y delgado, zapatos abotinados, la piel lisa de un efebo. Ahora se les suma una tercera a la mesa y fantaseo que las tres preparan el gran golpe para reventar el mundo masculino en dos minutos. Volar la Potsdam...

A mi costado, una rubia robusta trata de decirle que no a un negro, del que solo veo su nuca, sus hombros y sus inmóviles caderas, como monolito está el zambo sentado en su silla, con el muslo entre las piernas de la rubia. Ella, pantalones ajustados que llegan hasta la rodilla, deja al aire una pierna blanca y peluda moviéndose como el ala de una mariposa. El negro firme. Frente a mí está sentada una mujer que más bien parece un ordenador. Está tan preocupada resolviendo sus deberes mientras toma un miserable café con leche, que no tiene ni siquiera tiempo para levantar sus ojos y mirar, aunque sea unos segundos, a la bella de mi cuadra para comprobar los extremos que puede alcanzar la hermosura.

Al otro lado de mi mesa, cuatro jóvenes. Coquetean con el mozo, lo acosan, le dicen piropos, y el pobre muchachito de cabeza rapada y gorro bordado con brillantes está consternado, no sabe si reírse o callar, avergonzado. Aquí, en este lugar, comienza el principio de la extinción del mundo. Al menos el llamado occidental, industrial y desarrollado, porque en lo que respecta a perspectivas de fertilidad y trascendencia, en términos estrictamente reproductivos, no ofrecen mucho las mesas que describo. Y eso que tengo el pudor de excluirme.

La situación es objetiva, capaz de poner al mismo Papa al borde del suicidio. Pero cuando estoy pensando en la extinción, resulta que alcanzo a ver una cabeza de pelo ondulado, negro, violento, casi azulado. Cabeza que en el preciso momento de mi apreciación se está agachando para ver... sí, ahora lo sé. El muchacho arrastra un cochecito de bebé. Señoras y señores, el primer bebé de la tarde hace su ingreso al local de la **strada**. No es una entrada pomposa ni mucho menos, más bien desinteresada diríamos. Sin sentir para nada la responsabilidad de un sobreviviente, el bebé sigue durmiendo, cada vez más arropado, mientras su padre, el argelino, lee *Le Monde*, ya que hoy no llegó *Liberation*...

Revista La Tortuga, Perú, 1990

El viaje a Praga

(Escrito y publicado en mayo de 1991, cuando las Repúblicas Checa y Eslovenia aún eran Checoslovaquia, Praga su capital, y el dramaturgo Vaclav Havel su presidente)

Praga, la capital de Checoslovaquia, está en el centro de Europa. Si usted no se ha dado cuenta y cree que ese centro está en París, Londres o acaso Berlín, es porque el centro es dinámico, de vez en cuando juega a los eclipses, le da paso a la ciudad que viene, y así se pasan los siglos. Cambiando de centros, como en el fútbol.

Para ir a Praga, cualquier mortal que no sea "europeo" de los viejos, quiero decir de la Comunidad Europea, tiene que sacar una visa en el Consulado más cercano a su residencia. Cada vez que debo viajar a cualquier país europeo del Este y que me piden visa –como lo hacen todos a excepción de Polonia, porque en eso los polacos recuperan, siempre que pueden, su tradición de libre tránsito– pienso unas tres veces antes de rellenar la papeleta. Especialmente en ese acápite que todos los sistemas autoritarios y burocráticos se cuidan mucho en controlar. ¿Profesión? Sí, profesión.

Estudiante ya no soy, y si pongo ama de casa no mentiría jamás, pero si escribo periodista, ¡a cuidarse! que viene la contrapregunta. La última vez que cometí la imprudencia de colocar "periodista" en la visa fue a principios de este año y no precisamente en viaje hacia un país del Este sino a Chile, así que en la frontera misma me hicieron el "reportaje" de rigor, que si iba a trabajar como periodista, y para quién, y yo que no, que voy por un par de días a la playa. Ya de regreso, y mientras mi equipaje teóricamente debía estar en la panza del avión, como por arte de magia desapareció mi grabadora y mi micrófono. ¿Que cómo que abrieron mi maleta, señores? protesté absurda. "Control por la Guerra del Golfo" me dijeron. Era verdad: la guerra estalló y nunca volví a ver mis aparatos. La empresa aérea, con liquidez europea-occidental, se encargó de pagarme sin evitar un gesto de fastidio.

Así que esta vez nada de escribir "periodista", cuando en realidad lo único que quiero es conocer Praga: la reina y la muerte del 68, Praga y el grito del estudiante Pavel ardiendo para iluminar el Este europeo, Praga y la plaza de Wenzel donde el dramaturgo Havel, que antes de ser presidente, se abrazó en diciembre de 1989 con el ex presidente Dubcek, el hombre a quien los mismos tanques rusos que aplastaron la rebelión del 68 quisieron condenaron al ostracismo y al olvido. Dub-cek! Dub-cek! coreaba la muchedumbre eufórica, inmunizándole en esos instantes los años de dolor y humillación.

Entonces anoté "escritora". Lo cual no era falso, puesto que el viaje a Praga lo hacía como parte del camino a Graz, Austria, donde me habían invitado a la presentación de *AMORica Latina*, una antología en alemán de relatos de escritoras latinoamericanas.

Entre ellos, un cuento mío.

Lo que hoy es un viaje de cuatro horas por la autopista saliendo desde Berlín, podía convertirse en una odisea kafkiana antes de la caída del muro en 1989. Controles a la salida de Berlín Occidental, controles en la ex RDA, controles al ingreso a Checoslovaquia. De aquellos laberintos de la burocracia sólo quedan ahora las casillas abandonadas de los antiguos policías de la Alemania comunista. Y exactamente al lado de éstas, como si fuesen parte de la misma compañía de vialidad o fabricantes de galletitas, idénticas casillas son ocupadas por los gendarmes de la frontera checoslovaca. Apenas se instala el automóvil frente a la ventanilla, mi compañero y yo extendemos los documentos de rigor. A él como alemán occidental, le basta con mostrar su cédula de identidad.

El gendarme es robusto y bien parecido. Con ojos claros cuyo fondo no se pierde en el infinito sino que está a la vista. Y esboza casi una sonrisa cuando devuelve el documento a mi compañero. Después le llega el turno a mi pasaporte. La papeleta rosadita de la visa aletea un instante entre sus dedos y luego me dice en perfecto alemán:

–¿Así que escritora...? –y agrega al tiro: –¿Como García Márquez? Me quedo un milésimo de segundo perpleja, tratando de recordar si entre los tantos policías de frontera que vi en mi vida, alguno de ellos una mismísima vez me habría hecho una referencia a García Márquez o siquiera a Borges, quien después de todo era bien admirador del guerrero literario Jünger.

–Sí, le respondo. Y también como vuestro presidente–, agrego orgullosa por haber encontrado la fórmula de un buen abrazo, digamos, literario.

En ese preciso instante, el hasta ahora correcto gendarme, casi un caballero de salón, se transforma en un militante de tribuna, para decirme que si bien "nuestro presidente es escritor, bien le haría quedarse en la literatura, pues una cosa es el arte y otra la vida..."

–Cuarenta años– dice ahora el gendarme mirando a mi compañero. Cuarenta años necesitaron ustedes en Alemania para alcanzar los beneficios de la economía de mercado y aprender a funcionar con ella. Cuarenta años... y a nosotros, nuestro presidente quiere hacernos creer que alcanzaremos ese nivel en pocos años. Havel es un buen dramaturgo, no lo dude, pero el teatro es una cosa y la política otra. En el teatro basta con subir y bajar el telón para que cambie la escena. Pero la vida es muy diferente. –¿No es así?– pregunta buscando el asentimiento de mi compañero. Y aunque yo quisiera agregar que "La vida es sueño" como dijo don Pedro Calderón de la Barca, mejor me callo. La fila de autos a la espera del control en el cruce de fronteras se ha ido agrandando cada vez más y nuestro gendarme también, de modo que... –que lo pasen bien en Praga y ojalá medite sobre lo que acabo de contarle–, nos despide, predicador, y nosotros –Adiós, hasta la vista– sin salir del asombro.

El viaje a Praga, el centro de Europa, había comenzado con inquietantes augurios. Las premoniciones de nuestro hombre en la frontera, conocedor de literatos y pragmático ideólogo se cumplieron a cada paso. Se cumplirán seguramente detrás de lo que fue una vez el telón de acero, que ya cayó, pero a diferencia del teatro, la escena tardará más de unos años en cambiar.

Revista la Tortuga, Perú, 1991

El otro muro

Desde hace varias semanas una ola de barbarie azota este país: grupos racistas vienen quemando centros donde residen transitoriamente refugiados extranjeros, gente que ha llegado a Alemania en su mayoría proveniente de los países vecinos y esperan ser admitidos como asilados políticos. A casi dos años de la unificación alemana dos decenas de extranjeros asesinados expresan la amenaza que se extiende por el país. La creciente agresión de grupos de extrema derecha parece tomar por sorpresa los resortes del Estado democrático consolidado durante cuarenta años. La coalición gubernamental se hace cruces, pero revistas como *Stern* acusan al gobierno de tácticas políticas en donde se juega con la vida de los refugiados extranjeros como rehenes de una situación.

El 9 de noviembre pasado, apenas dos años después de la caída del muro de Berlín, más de cien mil personas se manifestaron por las calles de las principales ciudades alemanas en contra de la creciente xenofobia que se respira en este país. El campo de batalla está en las discotecas, donde los jóvenes de cualquier parte del mundo bailan y sueñan. Está en el tren de cercanías, cuando la gente regresa agotada de su jornada de trabajo. Está en todas partes y en ninguna, porque hasta el momento, el racismo permanece agazapado, y suele dar sus irracionales golpes por la noche, incendiando centros de refugiados, acosando a mujeres cargadas de bultos en las estaciones de ferrocarril, arrojando

al vacío a ciudadanos de otro color, otro idioma, otra nacionalidad, otra apariencia. La caída del muro el 9 de noviembre de 1989 ha abierto un panorama imprevisible en el Este europeo: Ciudadanos de Rumania, Polonia, Rusia, Checoslovaquia, de las más diversas nacionalidades y cultos llegan a Occidente por la puerta de Berlín en busca de una nueva vida. De nuevas esperanzas.
Varios problemas se superponen.
Por un lado, la innegable frustración con un proyecto político que no ha funcionado como se esperaba, el desmoronamiento del sistema de seguridad social de la ex RDA sin que hasta el momento haya sido reemplazado por otro, y el creciente flujo de inmigrantes provenientes del Este, que se afirma en una ley de asilo político que tiene Alemania, una de las más generosas de Europa. Cualquiera de los problemas mencionados puede ser comprensible, pero ninguna razón justifica hechos como los que estamos viviendo diariamente.
Todo comenzó en Rostock. En el otrora próspero puerto de la ex RDA sobre el mar Báltico, un grupo de vándalos sitió el centro de refugiados extranjeros durante más de tres días y finalmente le prendió fuego... con refugiados adentro. Sumergido en la impotencia absoluta, el gobierno de la ciudad optó por evacuar a los refugiados, en su mayoría mujeres y niños. Sólo que unas cien personas restantes quedaron a merced de las llamas, junto a un par de reporteros del canal dos de la televisión, y si no hubo muertos es porque dios es grande. Ni la policía local, ni el gobierno nacional, ni los vecinos de Rostock mostraron interés en evitar los desmanes. Por el

contrario: el escándalo era ver las imágenes de la televisión, donde adultos azuzaban a los jóvenes, muchos de ellos menores de edad, a tirar piedras, a quemar, a romper. Y la policía, después de un despliegue de incapacidad absoluta para defender a las víctimas, emprendió la retirada, –sí, leyó bien– y dejó a quien sea a expensas de los criminales.

Ni el gobierno de Bonn ni nadie, dicen, había previsto reacción semejante de racismo. Extraño, en un país que dice tener uno de los mejores servicios de inteligencia de Occidente. Una semana antes del estallido de xenofobia, el ministro del interior había dado a conocer cifras según las cuales la actividad racista se había quintuplicado desde la caída del muro de Berlín, en noviembre de 1989. El racismo se basa en la ignorancia y la violencia, y sostiene, sobre todo en el Este, que "los extranjeros tienen todo lo que ellos no tienen", y que "los refugiados extranjeros reciben dinero sin ser realmente perseguidos políticos". Por encima de todo, la frustración es muy grande: el gobierno demócrata cristiano del canciller Kohl prometió a los 17 millones de habitantes de la ex RDA, que en un máximo de cinco años, el acceso al dorado bienestar de la República Federal Alemana. A casi dos años de la unidad alemana el panorama es sin embargo de color de hormiga. Más de un millón de desocupados en lo que era entonces la ex RDA, hay cada vez más trabajadores subempleados, y muchos trabajan en Occidente y siguen viviendo en el Este. Los jóvenes no tienen alternativas, y la industria no invierte en el Este porque "no es rentable". Los sueldos no son los mismos que en el Oeste, pero el método de producción, después de cuarenta años de economía planificada, es muy diferente. Y las fábricas de entonces han sido abandonadas y están totalmente en ruinas. Con el derrumbe de la llamada Cortina de Hierro, se hizo trizas también un sistema de cooperación económica. La industria que existía durante el socialismo real, vivía de la exportación a los países del Este, el antiguo COMECON –Hungría, Rusia, Checoslovaquia, etc.–, pero ninguno de ellos compra ya, primero porque no tienen con qué pagar, y si se endeudan, es para comprar productos occidentales, que son los únicos que tienen una demanda.

Los comunistas justificaban la existencia del muro diciendo que era la defensa "contra el fascismo de Occidente". Pero lo que hoy está claro, es que el muro contenía la inmigración del Este hacia el Oeste. El escritor Hans Magnus Enzensberger acaba de publicar su libro La gran migración con la otra cara de la moneda: los pueblos de Rusia, Checoslovaquia, Rumania, Bulgaria, los pedazos sangrientos de la ex Yugoslavia, Polonia, emergentes de un sistema político autoritario, aspiran al bienestar de Occidente. Y como en sus países no lo pueden conseguir, se lanzan a buscarlo donde sea. Alemania es la frontera inmediata para estos desesperados. Y muchos ya se preguntan si la solución es apelar a una valla de metal como aquella, que a la altura del Río Grande entre México y Estados Unidos, separa a los pobres de los ricos.

En fin, otro muro.

Diario La Opinión, Argentina, 1991

La metáfora de los zapatos

O la utopía que llega desde la periferia

En los primeros días de mayo el grupo de teatro peruano Yuyachkani inició una gira por Alemania. Cuando Yuyachkani se presentó en Berlín provocó un gran impacto y sobre todo conmovió la propuesta de trabajo que el grupo transmitió a través de Ana Correa en *Una actriz se prepara*. Que la propuesta provenga de la periferia, y precisamente de un país tan castigado económicamente como es el Perú demuestra, como decía la teatrista alemana Hedda Kage, que "el subdesarrollo económico no tiene por qué conducir a una miseria de la estética", idea que combina muy bien con lo que acaba de declarar el más controvertido de los autores teatrales alemanes, el dramaturgo Heiner Müller: "Sería muy interesante un programa de computación capaz de establecer la relación entre el subdesarrollo económico del Tercer Mundo, con la miseria intelectual del Primer Mundo".

Una actriz se prepara no pretende ser ni reflexión ni aclaración didáctica. Ni siquiera revelación. Quiere transmitir al espectador el rigor del trabajo teatral y el cómo de ese trabajo. Durante algo más de una hora, Ana Correa, miembro del grupo Yuyachkani, acompañada de Teresa Ralli en el relato, cuenta cómo se prepara una actriz. El teatro no se hace, el teatro se vive. ¿Una utopía? La muestra de Ana Correa trasciende las formas y exigencias teatrales y es capaz de constituirse en una propuesta de vanguardia, en un modelo original y diferente. Y tampoco parece casual que este modelo provenga de las márgenes.

Lo más importante es la conciencia de la propia columna vertebral, dice la actriz. Sentir el eje del cuerpo, tantearlo desde diferentes ángulos, los hombros, las piernas, el torso, la cabeza; jugar con el equilibrio y el peso del cuerpo, apelar a las más diversas técnicas a fin de lograr el objetivo: Yoga, Tai Chi, artes marciales... Poco a poco se van incorporando otros elementos. Y cada elemento viene acompañado también de su complejidad, y permanece, a la espera de ser utilizado en las actuaciones venideras.

La incorporación de nuevas técnicas no supone una marginación de las anteriores sino una integración a las existentes. De modo que se puede estar bailando un ritmo africano, mientras se sostiene el bastón a la manera de las artes marciales, y se mueve el cuello como en la danza del vientre. Es la síntesis de la sabiduría popular. Juntos pero no mezclados, la diversidad, la pluralidad, la multiplicidad en contraposición al cajón privado, la compartimentación, el esquematismo, la simplificación.

En esta proeza por incorporar diferentes técnicas para apoyar el trabajo de actriz, el ejemplo de los zapatos tal vez sea el más significativo:

A Ana le gusta zapatear, y en el Perú hay un lugar donde se zapatea con fuerte influencia española y africana. Los negros de los algodonales de Ica, al sur de Lima. Ahí encuentra Ana Correa su maestro. El zapateo que este maestro conoce, consiste en un contrapunto. Cada bailarín debe realizar un conjunto de ocho pasos diferentes y luego le toca al otro, que también va a realizar ocho pasos, y así. El zapateo en el espacio y en movimiento y en danza, sin repetir ni un paso propio ni del compañero, porque el que repite pierde.

¿Y dónde está la metodología?

El único método del maestro de zapateo, el mejor zapateador de Ica, es el baila conmigo. Varios meses de baile en el más estricto sentido de la tradición y la espontaneidad. De modo que Ana se ve obligada a descubrir ella misma las reglas a fin de poder aplicar el zapateo en su trabajo como actriz. Las reglas se aprenden decodificando lo aprendido, como un rompecabezas se desarma para volver a armar.

El zapateo logra realizarse en su trabajo de actriz, cuando Ana tiene el rol de un payaso y el director le sugiere que el personaje zapatee, pero que sean los zapatos quienes escuchen una música y zapateen el personaje. Es decir, que el personaje resulte zapateado por sus zapatos. El resultado es espectacular.

El teatro como posibilidad, el grupo como opción, y el actor como persona en búsqueda, parecen mostrar un camino entre verdad y realidad, en la integridad como única forma de verdad y autenticidad. Esta es la utopía que el teatro ofrece como propuesta a la sociedad, un camino que tanto las ciencias naturales como las sociales han perdido en su servilismo a la técnica o a la ideología, y en su falta de humildad hacia el futuro.

Ana de Yuyachkani sabe todas las mañanas donde está su columna vertebral. La verdadera vanguardia acaso esté ahí, en crear patios de confrontación y de encuentro, en aprender a incorporar los más diversos elementos y en no temer ser zapateado por sus zapatos.

Revista La Tortuga, Perú, 1992

Instantáneas

La estación del Metro de la Plaza Ernst Reuter está a un paso de la Universidad Tecnológica, en pleno nervio céntrico de Berlín. En las escaleras de ingreso están sentados dos niños. Tienen un cartel en la mano. "Somos rumanos, tenemos hambre. Queremos dinero". Dos viejecitas se han detenido frente a ellos. Es escandaloso, dicen. Dos criaturas. Está lloviendo, pero las dos ancianas se esfuerzan en comprender cómo es que el Tercer Mundo se ha sentado aquí a las puertas del bienestar. Una de ellas les da dinero. Toma, le dice al niño, es mucho dinero. Cuídalo. Ella quiere saber si la niña sentada en el otro extremo es su hermana. El niño no responde. Los rumanos no hablan en ningún idioma. "Tenemos hambre y queremos dinero". Llueve, y aquí, frente a Kiepert, el emporio de los libros –cuánto árbol de la Amazonía, por dios– dos chicos rumanos informan rotundamente de la existencia de la pobreza.

Subo al primer vagón y me encuentro con un griterío de cotorras. Ni son escolares ni hinchas de fútbol ni extranjeros. Es un grupo de berlineses, mujeres y hombres. Tienen una edad promedio de 60 años, parecen todos jubilados en viaje de fin de estudios, cuentan chistes. Se ríen, están radiantes. Ellos ocupan dos hileras de asientos. Paso a tientas por el medio y siguen las carcajadas. Seguro que ni me han visto. Me siento en la próxima hilera, al lado de dos jóvenes. Frente a mí, una mujer y dos muchachos. De pronto se oye el sonido de una flauta. Los tonos vienen de mi compañera de asiento, una jovencita de cabellera roja y mirada adusta. Desvío los ojos y me topo con dos extranjeros apoyados en la puerta. Uno de ellos acaba de hacer un pájaro de papel y lo está abriendo. Son las once de la mañana de un día miércoles. Estamos en julio de 1990 y acabo de subirme al vagón de los artistas. El único en Berlín durante los últimos siete años. Caray, si esto no es una buena noticia.

Los argentinos han copado la línea 7 del metro, me dicen. Cantan a capela. ¿A capela? Los brasileños hacen samba en el "metro" con guitarras, maracas, con todo lo que tienen al alcance de la mano. Los peruanos no están en el "metro" pero sí sobre la Ku'damm, la calle más pituca y movida del centro de esta ciudad, haciendo sus carnavalitos, huayñitos y todo lo demás con miles de instrumentos. Sólo a los argentinos se les ocurre un acto de kamikaze: se suben al metro, esperan que comience a andar, y entonces, a toda voz, se mandan un tango. La gente tarda en recuperarse del susto, más de lo que demora el tren en llegar a la próxima estación. ¡Pero ché!

En la Conferencia de Prensa que ofrecen los escritores extranjeros residentes en Berlín, el poeta de origen indio cuenta que un grupo de "cabezas rapadas" intentó arrojarlo del metro. De las sesenta personas que estaban allí, nadie movió un dedo. "Me hubiera podido pasar también en la India" agrega, restándole importancia al hecho, pero a varios de los asistentes se nos atraganta el cóctel.

"He visto un grupo de polacos que eran agredidos por alemanes" me dice Goldberg, mientras nos tomamos un café en un bar francés, atendido por un turco, en la calle de Knesebeck. Había ingresado allí

para comer algo rápido antes de seguir trabajando. Comiendo mi sandwiche estaba, mirando la calle sin verla, y cuando la vi, vi a Erwin Goldberg mirándome. "Hace rato que estoy observándola, en qué estaría pensando", me dice, a modo de saludo. Se sienta a mi lado y me cuenta la historia de los polacos y alemanes. Los polacos habían comprado sus televisores, los estaban cargando en un automóvil cuando en eso llegaron los alemanes. Les rompieron todo. "¿Y no vino la policía, nadie dijo nada?". "No. No vino nadie", responde Goldberg, judío, que escapó de Alemania a los 23 años, hoy tiene 77, y vivió 54 años en Argentina.
"Argentina, el lugar donde quiero morirme" repite Goldberg.
Por la calle, mientras tanto, la gente pasa. Polacos cargados de objetos electrónicos baratos y transistores japoneses; alemanes del Este conduciendo sus flamantes coches occidentales de segunda mano; un improvisado trío de músicos rumanos intenta combinar algún sonido a cambio de propinas. Como Palmira, la antigua ciudad de la reina Zenobia en pleno desierto, Berlín se ha vuelto punto de confluencia en la ruta de las caravanas. Hace más de mil años, Oriente traía la seda; hoy viene por MacDonald's, papas fritas con ketchup y revistas porno.
Al llegar a la esquina las veo. Montadas sobre unas motos de película japonesa, totalmente vestidas en cuero negro, aunque una de ellas consigue la proeza de mantener un hombro desnudo. Dos mujeres, con la cabellera rebelde escurriéndose debajo de los cascos reglamentarios. El pie en el pedal,

ronroneando impaciente frente al semáforo y la picada que ruge cuando se da la luz verde. Ellas le ponen el sello a este día de entreveros y despistes. Forradas en cuero hasta el cuello, el hombro desnudo, una moto potente, y el casco, por si acaso.

Revista la Tortuga, Perú, 1992

4- DESPUÉS DEL TEMBLOR

Residí en Buenos Aires durante los años 90, en una sociedad en medio de reformas. Retroceso del Estado y avance de la sociedad civil, privatizaciones de los servicios públicos, flexibilización laboral... nuevos conceptos para nombrar antiguas prácticas, que dejaron al país en ruinas en 2001.
Cuando volví a Berlín en 2003, me encontré con una sociedad igualmente fascinada por reformas, flexibilización, privatizaciones. Los festejos por la mayoría de edad de Berlín unificado, por los veinte años, y ahora por un cuarto de siglo, encuentran una ciudad en mudanza y transformación constantes, cada vez más acelerada, y donde parece imposible reconocer las huellas del pasado reciente. Pero ahí están.

El último tour

Los escritores Günter Grass y Martin Walser, y el crítico literario Joachim Kaiser en los 60 años del Grupo 47, fundador de la literatura en lengua alemana de la postguerra

El sofá azul, programa televisivo de la segunda cadena oficial de tv alemana se prepara para filmar la conversación de tres pesos pesados de la literatura. La cita es en el Berliner Ensemble, el mítico teatro que fundara Bertold Brecht, y a juzgar por la cantidad de gente que se apretuja en los pasillos, más que un evento literario parece la convocatoria a un concierto rockero. Los escritores Günter Grass y Martin Walser junto al crítico Joachim Kaiser, los Rolling Stones de la literatura alemana, han sido invitados para recordar los 60 años de la creación del Grupo 47, el mismo que sentó las bases de la literatura en lengua alemana de la postguerra. El tiempo es tirano, le gusta decir a la televisión, y en este caso, cualquier tour puede ser el último encuentro de estos grandes: Walser acaba de cumplir los 80 el pasado marzo, Joachim Kaiser los festejará el próximo año y Grass se apronta a enfrentar su octava década en octubre. Coincidiendo como siempre con la Feria Internacional del Libro de Frankfurt, donde desde hace años forma parte casi del inventario, como la champaña que irremediablemente lo recibe para brindar por su aniversario.

MTB es el calzado deportivo de moda por estos días en Alemania y que imita el andar de los Massai.

Martín Walser, autor de *Caballo en fuga* entre otros, y uno de los primeros integrantes del Grupo 47, lleva esos zapatos que quedan en primer plano frente a la cronista en esta tarde de junio, con mucho calor, demasiado si se piensa que aún no ha irrumpido el verano. La sala donde alguna vez Bertold Brecht presentara sus puestas de *Madre Coraje* o la *Ópera de los Tres centavos* está ahora repleta de gente que ha venido a admirar a dos grandes escritores y a un crítico literario de aquellos que leían *de a de veras* –como se dice en mi pueblo– Los tres sintetizan la experiencia literaria del Grupo 47, en estos días de aniversario y que se disolvió ya hace 40, a la sombra de la guerra de Vietnam y con los adoquines de la revolución estudiantil, que en Alemania fue vanguardia y se adelantó un año a la de París, en un mayo que todo el mundo recuerda. Y sin embargo, aún retumba la experiencia fundante de aquellos años, como esos ensembles que hicieron historia y una siempre sueña con un último concierto. Una función que los reúna. Una gira. Como para confirmar que el tiempo no pasa y una sigue teniendo veinte.
Antes de comenzar la conversación, unas imágenes de archivo son el aperitivo que despierta el apetito. Ahí están, registrados en la memoria del celuloide, poetas y literatos del Grupo 47. Por siempre veinteañeros y en blanco y negro. Un Enzensberger imberbe, la bella Bachmann, el Grass con sus bigotes insolentes, las cejas escobilladas de Martin Walser, el joven Max Frisch, el temible Marcel Reich-Ranicki y Joachim Kaiser, un crítico que ya entonces se perfilaba como quien devino. Tolerancia y sentido

común por un lado, y por el otro el deseo apasionado de iluminar el reino del arte y sus secretos, el único crítico en lengua alemana capaz de hablar de música y literatura y teatro con la misma cabalidad. Joachim Kaiser esta tarde oye los escarceos de Grass y Walser durante un largo rato, hasta que interviene. Una puede imaginarse cómo fueron entonces sus primeras participaciones en el Grupo, con esa suficiencia contenida y al mismo tiempo la absoluta certeza de criticar preguntando. Este hombre, que fue director jefe del prestigioso diario Süddeutsche Zeitung desde 1959, recibió en el 2001 el Premio Hildegard von Bingen por su carrera en los medios, algo así como el Pulitzer en lengua alemana.

El primer encuentro del Grupo tuvo lugar en 1947 en Bannwaldsee, un pueblito de los Alpes alemanes y en casa de la escritora Ilse Schneider-Lengyels, hoy totalmente olvidada. Apenas dos años después de terminada la guerra, los Aliados no permitían concentraciones de ningún tipo, pero el Grupo se reunió igual. Nació bajo el signo de la desobediencia. Desde entonces sus miembros se citaron sistemáticamente durante dos décadas en diferentes lugares. En Alemania y en el exterior. Funcionaban como un taller literario. Allí llegaban autores y autoras por estricta invitación del coordinador, el escritor Hans Werner Richter, quien elaboraba la orden del día. Las sesiones se extendían de nueve a diez horas, se leían los manuscritos, que después, los colegas oyentes, descuartizaban o coronaban. Lo peor que podía pasar, recuerda Joachim Kaiser, era que el texto no produjera debate, que cayese como la lluvia. Ni fu ni fa. Ni carne ni pescado, como se dice

en alemán. Ni llantos, ni furia, ni gloria. El olvido.
El grupo 47 se propuso barajar y dar de nuevo. No se invitó ni a los antiguos escritores alemanes ni tampoco a los emigrados, así que por un lado fue acusado de "comunista" y por otro de "antisemita". *Pero no éramos ni uno ni otro*. Se defiende Grass. *También fui criticado por nacionalista, no lo olvides*, anota Walser, quien declaró alguna vez que le resultaba *insoportable la división alemana, porque solo un país unido puede hacerse cargo de su historia.*
Se nos criticaba por decir aquello que se pensaba, pero que no había que hacer público, apunta Grass. *Era normal que pasara*, añade, *todos nosotros fuimos marcados por la guerra, éramos sobrevivientes...*

Al grupo se unió pronto el suizo Max Frisch, la austríaca Ingeborg Bachman, el mítico Peter Weiss y su *Marat Sade* tuvo el bautismo de fuego allí, Paul Celan sufrió críticas terribles, Günter Grass fue consagrado durante la lectura del primer capítulo de *El tambor de hojalata... Y la presencia Böll*, anota ahora Kaiser. *El gran Heinrich Böll que devolvió la confianza a las letras alemanas en el extranjero con una obra soberana, nítida, a la altura de los clásicos. Y no sólo por la literatura, también por sus intervenciones contra la Iglesia, los dogmas, la prensa sensacionalista... los políticos descubrieron muy tarde el poder de esa literatura. Como siempre.*

Poco o nada de la literatura alemana de las primeras dos décadas de postguerra quedó fuera de la órbita del Grupo 47. A su sombra nacieron premios de consagración literaria, se establecieron las modernas editoriales y compiladores y se consolidó la crítica. Se llevaron adelante enfrentamientos históricos contra la prensa del grupo Springer, editores del Bild, uno de los periódicos de millonaria circulación el país y profundamente opositor a la revuelta estudiantil, apoyada por escritores y escritoras. El Grupo 47 programaba un tour por los USA cuando estalla la guerra de Vietnam y entonces se alza un polémico Martin Walser –siempre lo fue– diciendo: *como alemán y pacifista no tengo porqué ir a recorrer ese país en gira literaria.* Y se peleó con todos. Con Grass inclusive. Pero ahora le tira besos con la mano, lo toma del brazo.

Los rockeros recuerdan –como olvidarlo– la última sesión del Grupo en 1967, cuando la escritora Renate Rasp, entonces treintañera, pateó el tablero y se quitó la blusa para leer sus poemas eróticos con los pechos desnudos. Intuitivamente, Rasp marcaba territorio, haciendo justicia con sus congéneres, que, comenzando por Ilse Schneider-Lengyel, la iniciadora del Grupo, iban a caer en el olvido. Menos Ingeborg Bachmann, la más grande, la incomparable. Prematuramente muerta, claro está.

¿Qué queda hoy de aquella gloria? Poco o nada, afirman. Antes había un impulso muy grande, se sentía la necesidad de inventar espacios, de practicar la cultura de la discusión, la controversia. Nada que ver con la resignación de estos días, el aislamiento, la desorientación... y sin embargo cada generación tiene su tiempo y a cada una le toca aquello que debe resolver. Para eso está el intelectual, como bien diría Hans Magnus Enzensberger, para hacer su trabajo tan bien como le sea posible y no para lamentarse por su condición.

Entonces el tiempo se acaba, los spots enfocan al público de pie, aplaudiendo a los ídolos que suman casi dos siglos y medio sobre el escenario. Como en los conciertos saludan una, dos, tres veces. Tomados de la mano se inclinan, actores de una puesta imaginaria. La de vivir para escribir. Para que todo aquello que duela se convierta en lenguaje. Para sanar la piel, el cuerpo. Y devolverle el alma a un idioma.

Diario La Capital, Argentina, junio 2007

EL BERLÍN DE FRIDA

I

Por el Landwehr Canal, ese camino de agua construido a través de algunos distritos de la ciudad a mediados del siglo XIX, fluye el alma de Berlín. A sus bordes y en el barrio de Kreuzberg, ha florecido un mercado que tiene lugar todos los viernes, famoso por la variedad de frutas y verduras, el colorido de su público y las arengas de los vendedores; voces en turco y árabe se mezclan con rumano y ruso con la misma intensidad que alemán mientras los patos dibujan simetrías en el agua. Este mercado típico convoca a las ciento veinte nacionalidades de la ciudad cosmopolita. Aquí también llegan los turistas para asombrarse frente a la profusión de antipastos italianos, griegos, turcos y españoles, sandías partidas y bayas en todas las gamas del rojo, aguacates verde musgo, quesos, orquídeas y buganvilias. Sedas capturadas en pañuelos, bordados de Ucrania o tejidos persas se confabulan para bienvenir al paseante cuyas pupilas se agrandan como monedas de un euro. En este mercado se apareció la Frida esa mañana de julio; la pintora nacida en México cien años antes estaba ahora frente al puesto de venta de flores. El actor Gianni Casalnuovo, italiano treintañero la empujaba en su silla de ruedas manteniéndose en un discretísimo segundo plano. El actor peruano Edmundo Torres –de Puno para más datos y berlinés desde hace más de veinte años– había convocado a Frida Kahlo desde la cabeza a los pies, con la máscara que el actor pergeñó, su huipil color guinda, su atuendo de tehuana y sus manos florecidas de anillos. *Hello Frida, how are you,* dijo alguien, y entonces las miradas voltearon hacia esa imagen mil veces citada desde su irrupción en el Festival Horizontes de 1982 en Berlín, cuando la pintura de Frida hizo pie en Alemania. Y Frida compró una rosa.

II

En 1919, cuando Frida recién ingresaba a la pubertad, la luchadora Rosa Luxemburgo era asesinada en Berlín. Rosa Luxemburgo, filósofa de la rebelión, artista de la teoría, escritora desde la cárcel y cuyo pensamiento encarna aún hoy libertad y socialismo, había nacido con un defecto en la pierna que la discapacitó físicamente para toda su vida. Cojeaba. Una barra de fierro anclada en el agua escribe el monumento a la Rosa en el parque de Tiergarten y a orillas del Landwehr Canal, unos kilómetros al oeste del mercado. Aquí arrojaron su cuerpo torturado y debió ahogarse si aún no estaba muerta. Y aquí llegó Frida para ofrendarle su rosa y bailarle un son jarocho "La lloroncita" antes de partir al cine Babylon donde la esperaba el festejo mayor.

III

El Babylon, uno de los cines más antiguos de Berlín, fue construido por Hans Poeltzig en 1929, el año en que Frida se casaba con Diego. Desde entonces fue el cine de la comunidad judía de Berlín y durante las épocas del nazismo refugio de la resistencia. En el foyer una placa recuerda a Rudolf Lunau, el operador que fundó aquí una célula del partido comunista.

Como quiere la tradición, los mariachis de la Compañía Internacional El Dorado de Víctor Ibáñez, ensemble fundado en 1994 y con músicos de Ucrania, Alemania, Israel y México desgranaban un corrido. Y Frida, que es México y mundo, se puso de pie y bailó, su cuello esbelto y su tocado de cintas, siempreviva. Los cineastas Thomas Böltken y Christian Stollwerk documentaron la performance. Y el Babylon brindó la legendaria *Frida, naturaleza viva* de Paul Leduc al medio millar que colmó la sala.

Una verdadera fiesta para una centenaria de lujo.

La Jornada Semanal, México, julio 2007

18 cumpleaños
BERLÍN, BERLÍN

De la nueva Berlín se ha dicho mucho. Que si seduce más que París, impacta más que Londres, que convoca más que Roma, que centro de la política y futura capital de los Estados Unidos de Europa... la capital de Alemania no se priva de nada. Por si fuera poco, su alcalde, el socialdemócrata Klaus Wowereit, orgullosa y públicamente homosexual, acaba de declarar que *Berlín es pobre pero sexy*.
A 18 años de la caída del muro, la ciudad hace uso y abuso y despilfarro de una mayoría de edad adquirida a golpe de grúas y demoliciones, construcciones y privatizaciones, y haciendo gala de su salvaje juventud, se pinta y repinta, se desviste y excita y contonea en un alarde permanente de innovación y temeridad. Desde que se cayó el telón que la mutiló durante 28 años, Berlín tiró la casa por la ventana. Y la elevó por encima del polvo del tiempo que la había sumergido en el absurdo. ¿Se acuerdan de aquella escena de *Las alas del deseo* de Wim Wenders, donde el protagonista decía: "¿No puedo ver más la Potsdamer Platz?". Ahora no sólo se la ve, sino que además, cuesta entender donde quedaron las piedras que la ocultaron durante tantos años, el muro de más de cien kilómetros, los terrenos minados, la policía del pueblo, los muertos... A cambio, la crema y nata de la arquitectura internacional dejó su impronta aquí: Norman Foster, Daniel Libeskind, Richard Rogers, Renzo Piano, Jean Nouvel, Frank Gehry, Claude Vasconi, Dominique Perrault, Shin

Takamatsu...

Y sin embargo no es ni ruidosa como Londres ni aristocrática como París: frente a ellas Berlín despliega todas las ventajas de la metrópoli al mismo tiempo que se protege en la naturaleza, no hay tráfico enloquecido ni precios exorbitantes, y no es el cemento el rey de los barrios, sino el verde, los parques, los bosques y lagos y canales y el río que la atraviesan dotándola de un carácter casi bucólico. Los 5 millones anuales de turistas, una cifra en ascenso desde el comienzo del milenio, dan fe de la preferencia que va ganando esta ciudad.

Y claro que tiene con qué. Hay espectáculos y clubes, centros y eventos por docenas, amoldados a los más diversos gustos y economías. Incluso más de lo que las endeudadas arcas de la Municipalidad puede permitirse, pero esa es otra historia. Hay tres teatros de ópera, ocho grandes orquestas sinfónicas, 52 teatros, 300 galerías de arte y 250 salas de cine. Berlín tiene 180 museos, colecciones y archivos; la Berlinale, uno de los mas importantes festivales de cine europeos, los principales estudios cinematográficos del país (Babelsberg), numerosas editoriales creadas a principios del milenio que resisten las fusiones y un festival cultural que se despliega a lo largo del año estableciendo ejes temáticos según las estaciones: jazz, teatro, música contemporánea, teatro europeo. El Festival Internacional de Literatura acaba de cumplir su séptimo cumpleaños en el pasado septiembre con la participación de 152 autores provenientes de 51 países que convocaron a 34 mil espectadores durante 254 lecturas en diferentes instituciones a lo largo de

trece días. Un récord de continuidad y entusiasmo.
Y ya que hablamos de literatura, la nueva ciudad dio lugar al surgimiento de la llamada "Generación Berlín", con exponentes en el campo novelístico como Ingo Schulze, Terézia Mora y Arno Meyer entre otros. Al mismo tiempo, y con el soporte de las nuevas tecnologías, en las páginas de Internet surgieron los *surfpoetas* y la poesía también se consigue en las máquinas expendedoras de golosinas, libros... y ahora de poemas. La población de Berlín expresa mejor que en cualquier otra ciudad alemana, el enriquecimiento y la vitalidad que han generado en la cultura los últimos cuarenta años de migraciones procedentes del sur, especialmente turcos, griegos, habitantes de los Balcanes, italianos, portugueses, españoles... La literatura refleja ese cruce con la aparición de una nueva generación de poetas y narradores en lengua alemana, que ellos mismos o sus padres, han nacido fuera de Alemania, como es el caso de Emine Sevgi Özdamar, escritora, dramaturga y actriz nacida en Estambul.
Compitiendo con los teatros y las orquestas y las compañías artísticas subvencionadas por los fondos de la ciudad, se han impuesto proyectos alternativos, emergidos por ocupaciones de predios y edificios y alojando a expresiones artísticas de vanguardia, refugiando parcialmente a los más de 1.300 artistas que según cifras de la Asociación de Artistas Plásticos estaría a la busca de un taller. Por ejemplo, la Kunsthaus Tacheles, creada en las ruinas de un área comercial de principios de siglo (30.000 m2 de superficie). En 1990 un grupo de artistas invadió el lugar para evitar su demolición y al mismo tiempo

para crear un centro de intercambio internacional y llevar el arte a la calle. En su momento fue uno de los centros de arte vanguardista. Muy pronto otros grupos realizaron acciones semejantes, como la Asociación Schwarzenberg, que logró consolidar su proyecto artístico también en pleno centro de la ciudad.

Será por eso que Berlín, pese a todo, aún guarda en su piel rejuvenecida las cáscaras de las ciudades que la precedieron. Caminando por sus calles una se confronta con edificios de la gloria prusiana, con vestigios del esplendor de la vanguardia de los años veinte, los bloques de la arquitectura nazi, las huellas de identidad de los habitantes judío-alemanes, aislados, segregados y empujados a la muerte o a la emigración sin retorno, la sofisticación que ostentó Berlín Occidental en contraste con el pesado realismo socialista de la ex capital de la RDA. Sótanos arcanos, fábricas a medio demoler, edificios con uno, dos, tres fondos transgrediendo los límites de la calle, contrastan hoy día con flamantes construcciones, que se hicieron cargo del baldío más grande de Europa, resultado de la caída del muro y de la reestructuración y saneamiento constante que desde entonces vive esta ciudad: Berlín work in progres, todo cambia, siempre en movimiento.

La Jornada Semanal, México, noviembre 2007

NOSOTROS, LOS CHICOS DE LA HAUPTBAHNHOF

La novísima Estación Central de Berlín escenario de una puesta teatral

Situada en el centro de la capital, a escasos metros del histórico *Reichstag*, la *Hauptbahnhof* es hoy la estación en cruz más grande de toda Europa, y una de las más bellas del mundo, según las autoridades de la empresa ferroviaria. Casi once años de trabajo, medio kilómetro de techos acristalados y tanto hormigón como para construir 65 kilómetros de autopista conforman su estructura, y aunque no se dieron datos concretos acerca del gasto insumido por las obras, los expertos estiman que los costos de la construcción rondarían los 700 millones de euros. A diferencia de otras estaciones ferroviarias centrales, ubicadas, como su nombre lo indica, en el mero centro de la metrópolis, la Estación Central de Berlín se eleva en un espacio aún bastante vacío, en el lugar donde durante décadas ambas ciudades se dieron la espalda divididas por el muro. Un hecho inesperado ensombreció la fiesta de inauguración en mayo de 2006 donde se habían reunido medio millón de personas. Cuando se producía la desconcentración por las calles laterales, un joven de 17 años cuchillo en mano corrió descontrolado entre el público hiriendo a 35 personas. Por si fuera poco, ocho meses más tarde, las ráfagas furiosas de Cirio, el huracán que azotó Berlín en enero pasado, le aflojó una columna de varias toneladas así que las miles de personas que se habían refugiado allí tuvieron que ser evacuadas.

Este escenario de catástrofe es el trasfondo de *Nosotros, los chicos de la Estación Central*, una obra escrita por el autor Jörg Albrecht, 28, en base a los relatos de los actores, cuatro alumnos de la Universidad de las Artes (UDK) y el director de la puesta, Stefan Klewar, también de la UDK. La *Hauptbahnhof* es para los actores un símbolo del futuro, construida en el medio de la nada, como un ángel extraviado de Wim Wenders. Ninguno de los protagonistas es berlinés, ni tampoco el director Stefan Klewar o el autor Jörg Albrecht. Todos proceden de diferentes lugares de la Alemania de Occidente, comparten en escena la pérdida de sus perfiles de origen y al mismo tiempo la fascinación y atracción por lo nuevo. El control social se diluye en los contornos de una metrópoli en plena expansión, así como también la comunicación y los espacios de refugio.

La pieza, definida por su autor como un "documental de ciencia ficción", participó en la maratón de teatro independiente de Berlín en las instalaciones de HAU, con varios escenarios simultáneos, que en febrero pasado convocó a más 200 grupos de la escena de la ciudad. La pieza se estrenó en el foyer del teatro, con el público de pie, y en entarimados que hacían de los espectadores parte de la escenografía. La obra fue elegida para el proyecto "Una juventud en Alemania" del Teatro Maxim Gorki de Berlín, una forma de explorar los espacios en la ciudad. "La pregunta en torno al lugar cobra un significado especial para hablar de nuestras búsquedas y nuestras vidas" dice el joven director Stefan Klewar.

"Bombardier te da la bienvenida": el nombre de la empresa francesa constructora de trenes, estampado en letras gigantescas en la *Hauptbahnhof* y que se parece demasiado a "bombardear", da pie para una escalada de ciencia ficción en la pieza. Columnas que se descuelgan, vidrios que estallan, mampostería que se derrumba. El individuo perdido en las construcciones modernas, el drama de la vida desgajada y fragmentaria, como diría Richard Sennett, el oráculo de las ciudades modernas. Monstruos en danza en el bazar de almas.

La obra tiene un referente literario directo: *Cristina F., los chicos de la Estación del Zoo,* el testimonio de Cristina F., autobiografía publicada en 1980 por los autores Kai Hermann y Horst Rieck, (llevado al cine en 1981 con la dirección de Ulrich Edel y el apoyo de David Bowie). Es la historia de una joven que vive en la estación central de la parte occidental de la ciudad y es pasto de las drogas y el robo para saciar su dependencia. Ahora, esto es historia antigua, pleistoceno; sin embargo la propuesta de *Nosotros, los chicos...* pone en tela de juicio el lugar de comunicación de las personas en este mundo moderno. Hoy, la *Hauptbahnhof* con sus estructuras metálicas, su imponencia de cristal y su impersonalidad es el espacio paradigmático para escenificar el "no lugar" de los jóvenes en las construcciones postmodernas, el paradigma de una identidad ausente, reemplazada por los cristales y fierros de una arquitectura del desamparo.

La Jornada Semanal, México, 2007

LA REPÚBLICA LIBRE DE SCHWARZENBERG

No tengo un título oficial, puedes llamarme asistente de la gerencia del Cine Central, dice Hans –Werner Thiele–. Responsable de diferentes proyectos, entre otros el "Cine Iberoamericano", en lo que hace a programación y publicidad, Thiele cuenta que en octubre de 2004 nació el proyecto "Cine Iberoamericano" en el Central con el propósito de mostrar películas del idioma español en versión original. Realizó estudios de Economía, y mientras tanto trabajaba como proyeccionista en un cine para ganar dinero. Así que después de concluir sus estudios y vivir en México ocho meses, al regresar decidió continuar con su actividad ligada al mundo del cine en el Central, lo que le permite reunir sus dos pasiones: el cine y el idioma castellano.

La "Verein Schwarzenberg" (Asociación Schwarzenberg) es una asociación alternativa fundada por diferentes exponentes del arte popular. La Asociación es dueña del terreno **Rosenthaler Straße 39** donde se asienta la denominada Casa Schwarzenberg –"Haus Schwarzenberg"– con talleres de artistas, una galería, y el "Museo Blindenwerkstatt Otto Weidt" –Talleres de ciegos Otto Weidt – O.Weidt escondió un buen número de trabajadores judíos durante la persecución de los nazis, y los sitios originales hoy forman el Museo, el Museo de "Anne Frank", el cine central, un café y un bar.

El nombre de esta asociación alude a un hecho posiblemente más literario que real: la existencia de la República Libre de Schwarzenberg. Tras la capitulación alemana el 8 de mayo de 1945 los distritos de Schwarzenberg, Stollberg y Aue, ubicados en las montañas del Ore, en la frontera entre Alemania y la República Checa, no fueron ocupados por los aliados por razones no del todo claras, quizás por despiste de los aliados mismos, o bien porque la división de las zonas se estableció en el río Mulde, y en esa región existen dos ríos con el mismo nombre, cree H.W. Thiele. Y recuerda que entonces, un autoproclamado gobierno antifascista se formó el 9 de mayo de 1945 y gobernó sobre veintiún pueblos y aldeas de la región. *La República Libre* dejó de existir el 24 de junio de 1945 al ser ocupada por las tropas soviéticas, pero los cargos de gobierno fueron respetados.

Existen muchos mitos de la República de Schwarzenberg, por ejemplo que habría emitido su propia moneda y sellos de correo, que eran aceptados en las zonas americana y soviética de ocupación. También la fundación misma de una República Autónoma se transformó en un mito porque nunca había pasado algo así, y, según algunos testigos de la época, "solamente" habrían sido unos días sin ocupación.

Lo cierto es que una famosa novela del autor alemán Stefan Heym (1913-2001) *Schwarzenberg*, publicada en 1984, trata de esta historia y volvió a llamar la atención pública sobre este asunto. Y los artistas de la Casa pensaron que ese nombre era muy simbólico para expresar la utopía de libertad, en contraste con los diferentes mundos que se mueven en la zona céntrica del nuevo Berlín.

La Jornada Semanal, México, 2007

Radicalmente Rosa

Rosa Luxemburgo, la más democrática de las revolucionarias, antimilitarista y feminista, censurada por los comunistas por sus críticas a Lenin, criticada por los socialistas por su radicalismo, enarbolada tanto por el régimen como por opositores en la ex RDA, su pensamiento ha logrado sobrevivir a su muerte. **La libertad siempre ha sido y es la libertad para aquellos que piensan diferente**, su frase emblemática escrita desde la cárcel en junio de 1916, sigue siendo tan actual como polémica. 90 años después de su asesinato, la figura de Rosa Luxemburgo es un ícono que se resiste a ser estampado en una camiseta. ¿Quién fue esta mujer cuya sola evocación convoca multitudes y sigue movilizando discusiones?

En la noche del 15 de enero de 1919 un grupo de soldados de la tropa de asalto arresta en Berlín a Rosa Luxemburgo y Karl Liebknecht, dirigentes del recientemente fundado Partido Comunista alemán. Ella, menuda y pequeña, no mide más de un metro y medio de estatura, tiene el pelo gris, está demacrada. Un defecto congénito la discapacitó físicamente para toda su vida. Cojea. Pero los jóvenes militares, en vez de llevar a los detenidos a la cárcel, los trasladan al Hotel Edén, en las cercanías del Jardín zoológico y del Parque Tiergarten, y luego de torturarlos y golpearlos hasta la inconsciencia, los arrastran moribundos, los cargan en un automóvil, y le descerrajan un tiro a quemarropa. Poco después la mujer es arrojada a las aguas del Landwehr Canal, posiblemente todavía con vida. A Karl Liebknecht lo tiran al Neue See, unos cien metros más allá.

Un zapato de Rosa queda en el camino como símbolo de esa barbarie.

Es probable que aquel enero de 1919 haya sido tan frío como este invierno y que entonces tanto el Landwehr Canal como el Neuer See tuviesen el lomo congelado como este año. Por eso los cuerpos de Rosa L. y Karl L. fueron recuperados recién varios meses más tarde, en mayo de 1919. Entonces una multitud los acogió en su memoria y nacía un culto. Cada año, la segunda semana de enero tanto en el Este como en el Oeste de Berlín se suceden homenajes, rituales, disputas. Se reeditan sus libros, se reescribe su biografía y su vida inspira obras de teatro y películas. Rosa Luxemburgo se mantiene indeleble al paso del tiempo. Es más, mejora con los años.

¿Quién fue verdaderamente Rosa Luxemburgo? Se lo preguntan a Dietmar Dath, alemán nacido en 1970, y el más joven de sus biógrafos, cuyo libro se publica en esta primavera europea, quien replica:

Rosa Luxemburgo no era de ninguna manera ese cliché de ángel pacifista con que la identifica cierta izquierda. Era capaz de burlarse increíblemente de sus adversarios, poniéndolos en ridículo con su réplica atroz, una inteligencia verbal superior, un sentido del humor y una ironía a toda prueba. ¡Cómo se extraña esa capacidad en las discusiones actuales! Era una convencida que el trabajo intelectual debía relacionar la teoría con la práctica. Para ella no existía ninguna doctrina inamovible, sino un maravilloso equilibrio entre lo que ocurría en la calle, aquello que movilizaba a la gente, y un programa político a largo plazo. Y su lengua era temible.

Por eso, para sus simpatizantes era la "divina", mientras sus opositores la odiaban, por la misma razón. En su último artículo, casi un testamento, los desafiaba. "El orden reina en Berlín... pobres imbéciles. El orden de ustedes está construido sobre la arena. Mañana la revolución volverá a levantarse y tronará con sus trompetas: yo fui, soy y seré..."

Rosa Luxemburgo nació el 5 de marzo de 1871 en el seno de una familia de un comerciante maderero judío en un pequeño poblado de Polonia. Creció en Varsovia, y apenas egresada del colegio secundario a sus 18 años, sus inclinaciones izquierdistas amenazaban con llevarla a la cárcel. Entonces emigró a Suiza donde estudió economía y derecho. En 1893 participó en la fundación del Partido Socialista polaco, y se implicó en una insurrección contra la ocupación rusa. Fue arrestada y condenada a ocho meses de prisión. Se casó por primera vez con un socialista alemán para acceder a la nacionalidad de ese país, y en 1898 llegó a Berlín, donde escribió: "Aquí los prusianos caminan por la calle como si se hubieran tragado su bastón".

En 1914 se opuso, como socialista, a la participación de Alemania en la primera guerra, pero el Partido Socialista, –al que pertenecía– votó en el Parlamento a favor de la intervención armada. Poco después abandonó las filas partidarias junto a Karl Liebknecht, Clara Zetkin y otros disidentes.

Justo a la salida de la estación del metro, en un costado de la espléndida y flamante Potsdamer Platz de Berlín, un cubo de cemento de unos dos metros de altura y oscurecido por los años, rememora el lugar donde Karl Liebknecht y Rosa Luxemburgo llamaron –infructuosamente– al pueblo alemán a negarse a participar en la guerra. Es la base de un monumento que la ex RDA alguna vez prometió levantar y nunca cumplió.

Poco después Rosa Luxemburgo y Karl Liebknecht fundaron el grupo Espartaco, en memoria al esclavo y gladiador tracio que supo poner en jaque a Roma entre los años 71 y 73 a.C. Rosa fue nuevamente arrestada por sus arengas antimilitaristas y antibelicistas, y condenada a prisión, esta vez por dos años y medio, desde julio de 1916 hasta noviembre de 1918. Entretanto, como era usual entonces, en ese mundo sin teléfonos ni computadoras, las cosas se revelaban y agitaban por correspondencia. Cartas sacadas clandestinamente desde la cárcel por su fiel amiga y secretaria Mathilde Jacob. Cartas donde Rosa criticaba el autoritarismo del camarada Lenin, al mismo tiempo que pedía a Mathilde por el cuidado de sus plantas, discurría sobre música y poesía o enviaba mensajes cifrados a Leo Jogisches, su compañero y segundo esposo. También llevaba un calendario, el registro de sus días y noches de cautiverio, el primer mirlo anunciando la primavera, el último cuervo del invierno, los sonidos del afuera, la luz, la oscuridad, la nieve, la lluvia o el rayo de sol. Y el deterioro de su salud. Sus cartas desde la cárcel son literatura, documento histórico y novela de suspenso a la vez. A esa época pertenecen también aquellos artículos que escribió bajo el seudónimo de "Junius", publicados ilegalmente. Entre ellos, el

titulado "La Revolución Rusa", de junio de 1916, donde Rosa Luxemburgo criticaba ampliamente y con lúcida anticipación advertía del peligro que se desarrollase una dictadura según el criterio bolchevique. La desautorización de Lenin no se hizo esperar: la trató de "águila con vuelo de gallina".
En octubre de 1917 triunfó la revolución en Rusia y los bolcheviques tomaron el poder. La guerra en Europa se acercaba a su fin y Alemania estaba al borde de la bancarrota. El 9 de noviembre de 1918 estalló la revolución en Berlín, el miedo tomó cuerpo, renunció el canciller imperial, el emperador Guillermo II abdicó, y nació la República de Weimar con el socialista Friedrich Ebert a la cabeza. El 31 de diciembre de 1918 la agrupación Espartaco se transformó en el Partido Comunista alemán, dispuesto a luchar para instaurar el socialismo en el país tan pronto como posible. Pero la insurrección fracasó, y sus dirigentes, comenzando por Rosa Luxemburgo y Karl Liebknecht fueron asesinados. Nunca se llegó a aclarar el hecho en su totalidad, y Waldemar Pabst, el entonces joven oficial de guardia de caballería prusiana, quien dio la orden de arresto, murió en su cama a los 90 años en Düsseldorf después de haber ejercido con éxito el comercio de armas, haber colaborado con el régimen nazi y sin haber sido acusado jamás por el destino de Rosa y los revolucionarios de 1919.
Rosa Luxemburgo es la desconocida más conocida en Alemania, se dice. No hay prácticamente ningún alemán que no haya oído su nombre por lo menos una vez. Y aunque tal vez pocos conocen a fondo su pensamiento, su asesinato la convirtió en figura

emblemática a uno y otro lado de la ideología, en manos de famosos y gente de a pie. Su famosa frase "la libertad siempre ha sido y es la libertad para aquellos que piensan diferente" fue emblema de los opositores en la ex RDA para diferenciarse de los panegíricos con que la cúpula del régimen homenajeaba a Rosa Luxemburgo. Y cada año, clavel rojo en mano, miles y miles se movilizan en torno a su monumento, en el cementerio socialista en lo que era el sector Oriental de la ciudad. En este 90 aniversario sumaron ochenta mil. Vinieron de todas partes de la ex RDA a venerarla, cual virgen socialista. Su tenaz oposición a la guerra y por la justicia social sigue teniendo un carácter ejemplar.

La memoria Rosa L. no ha tenido sin embargo un pasar apacible ni siquiera después de su muerte ni aún dentro de sus propias filas. Lenin trató de suavizar la disputa donde la define como gallina, Stalin la acusó de centrista y seguramente, si no la hubieran matado en 1919, él se habría encargado de hacerlo más tarde. Trotsky la reivindicó como inspiradora de la revolución permanente, y aún hoy cuando los dirigentes de La Izquierda, el partido más joven de la Alemania unificada, fundado en 2007, quieren deslizar una irónica crítica a la diputada Sahra Wagenknecht, de gran capacidad de réplica y oratoria, dicen: "Sólo le falta cojear para ser como Rosa".

La radicalidad de su pensamiento resiste a la inmovilidad del mármol, atributo de los héroes. El primer monumento que se destinó a la memoria de Rosa Luxemburgo y Karl Liebknecht fue diseñado nada menos que por Mies van der Rohe en 1926 y por encargo de la socialdemocracia gobernante, es decir, por quienes indirectamente se los acusaba de no haber impedido su asesinato. Van der Rohe, identificado con el movimiento Bauhaus y lejano a contiendas políticas declaró que para él se trataba de un homenaje artístico a las víctimas. En 1933 los nazis se encargaron de hacer tabula rasa, destruyendo el mausoleo y las diferencias, y reuniendo a comunistas y socialistas en los mismos campos de exterminio.

Una plancha de hierro, mitad sumergida en el agua, mitad erguida en el aire, talla el nombre de Rosa Luxemburgo en el monumento a su memoria en el parque de Tiergarten y a orillas del Landwehr Canal, en el lugar donde su cuerpo fuera arrojado a las aguas. Algo más allá, en la ribera del Neue See, una escultura que semeja una columna en construcción, recuerda a Karl Liebknecht. Ambos monumentos fueron erigidos en 1987 en lo que entonces era el sector occidental de la ciudad y –vale decirlo– durante el gobierno de la democracia cristiana.

El nuevo monumento para Rosa Luxemburgo en pleno centro de Berlín, una estatua de bronce de tamaño natural, concebida por el escultor Rolf Biebl fue instalado en 1999 cerca de la plaza que lleva su nombre y en un espacio vinculado tradicionalmente a la historia del Partido Comunista alemán. Pero esto generó más de una bronca entre las diferentes corrientes políticas y fue desterrado de allí por varios años. Recién hace unas semanas fue restituido a su lugar de origen, frente al Teatro Volksbühne y la casa Karl Liebknecht, desde 1926 sede del Partido Comunista alemán.

Esther Andradi

En 1986 la cineasta Margarethe von Trotta filmó la historia de Rosa Luxemburgo con Barbara Sukowa en el papel de Rosa y Otto Sanders como Karl Liebknecht, y recientemente el Ensemble Teatral Grips puso en escena el musical Rosa, con proletarios en vestidos de tweed bajo el leitmotiv "Soy un ser humano, no soy un símbolo". En el tradicional congreso que se organiza cada año en su memoria, asistieron esta vez alrededor de dos mil participantes, gente joven, estudiantes, y mujeres que cultivan el look Rosa, con melenas recogidas en rodetes, faldas y botines de corto taco ajustados al tobillo. Voces desde toda diferencia reunidas en torno al espíritu de esta socialista radical contemporánea, convencida que "hay que acompañar a las masas en su espontaneidad y organización cuando ellas estén dispuestas", ajena a todo dogma y ortodoxia.

Imposible de resumir en un logo.

La Jornada Semanal, México, febrero 2009

YO NO HE ESPERADO, HE VIVIDO

Valencia, México, Berlín en la vida de Renau, un artista singular

Bajo este lema revelador, casi melodramático, se presenta en Berlín una exposición acerca de Josep Renau: pintor, fotomontador y muralista, cuya biografía atraviesa el siglo XX entre continentes, guerras, exilios, y hasta la desaparición del país elegido. Renau nació en 1907 en Valencia, participó activamente en el frente republicano, en 1939 consiguió huir a Francia y se exilió en México, donde vivió 20 años, trabajó junto al muralista David A. Siqueiros y al mismo tiempo dejó su impronta en la cartelera cinematográfica: los afiches del cine mexicano son impensables sin los fotomontajes de Renau. Hasta 1958, cuando eligió radicarse en Berlín Oriental, capital de la entonces RDA.

La guerra fría

Comunista convencido, Renau creía que en la RDA iba a encontrar el espacio propicio para explayar su creación. Y presentó sus proyectos de murales desarrollando lo aprendido en México. Pero en la RDA, si bien fue acogido por el régimen, su concepción artística no encontró el eco que esperaba. Resistido por la Academia, incomprendido por los artistas que tenían una experiencia diferente, varios de sus proyectos fueron rechazados, otros modificados en su realización por falta de "contenido político", y terminó recluyéndose en una vieja villa en Mahlsdorf, en las afueras de Berlín, convertido en maestro de un grupo de jóvenes, admirados por su capacidad fabuladora, su increíble cultura y el paraíso de su biblioteca. Pero el idioma alemán, que nunca aprendió realmente bien, fue la barrera más fuerte con la que tropezó en Alemania Oriental. En 1975, al morir Franco, es amnistiado y después de 37 años de ausencia ensaya su regreso a España, que lo recibe con los brazos abiertos. "Aquí los artistas se pelean por mí, es como si estos pintores fueran animales de una especie diferente a los que conozco en la RDA", escribe en sus cartas. En 1976 Renau representó a España en la Bienal de Venecia, realizó diversas exposiciones retrospectivas en Madrid y Barcelona y vivió sus últimos años repartido entre Berlín y Valencia, hasta que la muerte lo sorprendió en Berlín Oriental en 1982.

Poco y nada queda de su presencia en la ex RDA, donde residió las dos últimas décadas de su vida. La desaparición del país "elegido" sumergió su producción en el olvido. La reciente biografía titulada Renau del periodista español Fernando Bellón Pérez, ilumina la historia de este artista singular. Si en vez de elegir la RDA, Renau hubiese ido a los Estados Unidos, especula el biógrafo, se habría convertido en el primer artista pop, algo así como un Andy Warhol de la resistencia. Lo cierto es que todavía hoy, a más de un cuarto de siglo de su muerte su obra provoca resistencias. Hace dos años, cuando el Instituto Cervantes de Berlín expuso una selección de sus fotomontajes The american way of life el prestigioso diario alemán FAZ criticó la decisión del instituto cultural español de divulgar la obra del artista como un acto de claudicación stalinista.

"Soy español, catalán..."

Renau estudió Bellas Artes en Valencia, y a los dieciocho años, en 1925, recibió su diploma en pintura y gráfica, al mismo tiempo que ganaba su primer concurso de afiche; a los veintiuno hizo su primera exposición de pintura en Madrid, a los veintidós ya escribía ensayos críticos de arte, y a los veintitrés se iniciaba en publicidad, oficio que le permitió ganarse la vida y donde aprendió aquello que definiría su arte: la aplicación de las técnicas de la fotografía y la gráfica a la pintura, tal como lo hacían también por ese entonces los dadaístas alemanes. En 1931 ingresó al Partido Comunista, una convicción que lo iba a acompañar hasta el fin de sus días. Pero también publicó sus dibujos en revistas anarquistas, lo que durante la guerra le permitió llevar a cabo su función de protector de obras de arte con mayor efecto. Su primer mural Contra el fascismo, por la democracia lo pintó en 1933 en Valencia. En 1936 fue nombrado Director General de Bellas Artes de la República y tuvo a su cargo el cuidado y posterior traslado del tesoro artístico del Museo del Prado para protegerlo de los bombardeos de Madrid. En 1939 se refugió en México junto a su esposa, la pintora Manuela Ballester, y su pequeña hija.

"20 años en México, intensamente vividos..."

En su exilio mexicano Renau se desarrolló como

muralista, ensayista y fotomontajista. Trabajó con David Alfaro Siqueiros en *La máscara de la burguesía*, diseñó el mural *La Conquista de la energía eléctrica* para el Sindicato de Trabajadores de la Electricidad, y comenzó un gran proyecto de cuatro murales –inacabado– para un hotel de Cuernavaca, bajo el lema *España conquista América*. "He vivido, y trabajado y discutido y hasta casi me he pegado con David", escribe Renau. Es en México donde inició el ciclo *The american way of life*, la obra crítica que probablemente expresa con más claridad su trabajo de montajista, pintor y activista político. "Renau se ganaba la vida con la publicidad, una actividad que manejaba a la perfección. En USA habría ganado millones con ello porque lo tenía todo: técnica magistral, talento, relaciones, prestigio y la capacidad de trabajar incansablemente, pero él no quería seducir a la gente con el consumo...", aclara Bellón.

No se sabe con seguridad qué es lo que decidió su mudanza de México a la RDA, incluso su biógrafo admite que la etapa mexicana de la vida de Renau es la menos investigada. El caso es que en el umbral de sus 50 años, Renau aceptó una invitación para vivir en Berlín. Llegó a esa ciudad en 1958, tres años antes de la construcción del muro, pocos meses antes del triunfo de la revolución cubana, donde su obra hubiera tenido un impacto muy diferente. Por eso el nombre de esta exposición (*Yo no he esperado, he vivido*) es casi un programa para expresar una riesgosa forma de crear. La obra de Renau debió esperar más de un cuarto de siglo después de su muerte para comenzar a ser rescatada en Alemania.

¿Y en México?

La Jornada Semanal, México, junio 2009

20 Años
BERLIN, CIUDAD ABIERTA

De las ciudades divididas que conocí, Berlín era la más atípica de todas. En Beirut, en los años 80, cada noche, milicianos de uno y otro bando arañaban una frontera diferente a golpe de metralla. En Lima, la división parecía incluso producto de la naturaleza. Unos vivían en el desierto, otros en el vergel. En Berlín, en cambio, con sus ciento y pico de kilómetros de muro de cemento armado, con sus absurdos institucionalizados, sus estaciones de ferrocarril partidas por la mitad, la frontera se excedía en caprichos. Era un desmedido consenso al surrealismo. Y los "vopos", la policía de seguridad, que parecían eternos. El recorrido a lo largo del muro lo hice durante meses completos con mi bicicleta, uniendo mi casa, en un extremo de la ciudad, con el Berliner Spracheninstitut en la otra punta, donde estudié alemán como una obsesa, hasta que me atacó el pánico de perder mi lengua materna. Como compensación, decidí comprar el periódico español *El País* de los domingos, donde me obligaba a reencontrarme con el idioma sometiéndome al acertijo de los crucigramas. Eran tiempos sin I-pod, celulares e Internet, y el periódico llegaba con un día de atraso al Zoo, la Estación Central de Berlín Occidental.

Ni mis amigos alemanes comprendían esta ciudad en su infinita encerrona, su destino de frontera minada, sus eternos controles para subirse a un tren. "Berlín está lleno de gente jodida porque los problemas rebotan en el muro y vuelven", me decían. De modo que cuando yo veía las tradicionales pintadas "¡Fuera Nazis!" me preguntaba "¿Y adónde se van a ir?". Cierto que era difícil salir de Berlín, pero también es verdad que no había muchas razones para abandonarla. Era una ciudad previsible, superficie rígida y mojones inamovibles. Una provincia eterna, incapaz de desbordarse. Pero con las ventajas de la provincia. Los grupos se conocían y reconocían, los recorridos duraban siempre lo mismo, los altibajos no se daban en la calle, sino en el alma. Delitos prácticamente no había, se respiraba tranquilidad. Esto no podía ser real; existía sólo en el catastro de la geopolítica.

Pero a la vez, esta ciudad de contornos provincianos, tenía las ventajas de la metrópoli: gente de todas partes, vitrina de Occidente en medio del Este comunista, escenario de culturas, espacio para todos los guetos. Hasta que el séptimo día, a contrapelo bíblico, dios se despertó. La noche del 9 de noviembre también estuve allí, en la Puerta de Brandeburgo, viendo al primer chico que se lanzó a tocar el muro, después a saltar sobre él, y por último a constituirse en la imagen que daría la vuelta al mundo, haciendo la "V" de la victoria, entre algarabía y abrazos, lágrimas y champán. "Die Mauer ist weg, die Mauer ist weg!" ("¡Cayó el muro, cayó el muro!") aclamaba la multitud, y la ciudad entera se llevó la pared por delante, reventando sus costuras.

Veinte años han pasado desde entonces, y la transformación continúa: ni reunión ni mezcla ni síntesis. Berlín ha ido creciendo desde sus extremos, elevándose en los baldíos, redondeando ángulos, privatizando su centro, cavando diferencias, tirando la casa (¡y el presupuesto!) por la ventana. Se convirtió en capital, sede del Parlamento y del gobierno federal. Es la puerta grande de Alemania. Pero también es la capital de la pobreza, donde un 18 por ciento de la población vive de la ayuda social. Hace una década, un informe señalaba que dos tercios de los habitantes de la ex RDA, no se sentían ciudadanos de la República Federal de Alemania. Y en un ensayo reciente, Annette Simon, terapeuta, sostiene que los ciudadanos del Este no fueron bien recibidos en Occidente. En su libro titulado *Quiero quedarme en el lugar donde nunca estuve*, habla sobre la desazón que a nivel individual ha provocado el hecho de que a los ciudadanos de la ex RDA "no se nos preguntó ni qué deseábamos ni cómo, no se nos consultó para introducir modificaciones en la sociedad, no se nos reconoció en nuestras diferencias: nos convertimos en Ossis, indiscriminadamente". Habría que agregar, que no todos los que lucharon por ese cambio, lo disfrutaron luego, y viceversa. Como ejemplo, baste citar la canciller Angela Merkel, quien según propias declaraciones, estaba en la sauna cuando cayó el muro.

Sea como fuere, veinte años después de la caída del muro y a diecinueve de la unificación alemana, la canciller es una Ossis, y su partido, la Democracia Cristiana, seguirá gobernando el país en una nueva coalición con los liberales. Pero en las recientes elecciones parlamentarias, otros Ossis vienen marchando: La Izquierda, el partido más joven de la República, fundado hace apenas dos años, alcanzó el 12 por ciento. Este partido, que reúne tendencias y grupos "a la izquierda" de los partidos tradicionales alemanes, tiene su origen en el Este, y gobierna en Berlín junto con el Partido Socialdemócrata desde hace un lustro. Pero ahora están presentes en todos los estados occidentales, y en el Este son prácticamente el partido más fuerte. "Veinte años no es nada" dice el tango. Pero todo cambia... ¡Y cómo!

BERLÍN MESTIZO

En Berlín viven medio millón de extranjeros, lo que implica más de un trece por ciento de la población, y las estadísticas de 2007 dicen que un 40 por ciento de los jóvenes menores de 18 años tienen algún progenitor –o ambos– proveniente de otro país. Berlín es mestizo. Un mínimo porcentaje de latinoamericanos residen aquí, y aunque es una comunidad muy pequeña comparada con la comunidad turca (120 mil personas), está muy presente a través de actividades de instituciones educativas y bibliotecas, clubes y centros culturales, la música, el teatro, la literatura, el arte, la comida. El exilio chileno pobló sobre todo la parte oriental de la ciudad, y en los años 70 constituía el grupo latinoamericano más grande de Berlín Oriental, seguido por los cubanos. En Berlín Occidental se asentaron brasileños, argentinos, peruanos, entre otros. Y el idioma también está de moda: se supone que alrededor de unas treinta mil personas hablan español.

La Jornada Semanal, México, noviembre 2009

METRÓPOLIS:

La recuperación y sus metáforas

Metrópolis, el mítico film de Fritz Lang basado en el libro –y guión– de von Harbou, vivió un reestreno de lujo ochenta y tres años más tarde de su realización en el marco de la Berlinale pasada. Atrás quedaba una travesía de pérdida, manipulación, destrucción, reconversión, búsqueda, y finalmente recuperación del rollo original, cuando ya ni el mismo Lang, muerto en 1976, se preocupaba por su destino. *¿Por qué tanto interés en una película que ya no existe?,* recuerda Robert Bloch, autor de *Psicosis,* que le preguntó Lang una vez. Ícono de la ciencia ficción, la reconstrucción de Metrópolis se parece en mucho a las lúdicas paradojas que le gustaba armar a Borges. *Metrópolis* no tuvo el impacto esperado durante su estreno en 1927 en Berlín. Con 170 minutos de duración, 310 días de rodaje y quince mil extras, fue un costoso mamut que la Paramount decidió "adaptar" para el público norteamericano, convirtiéndola en una galleta digestiva de 90 minutos. De nada sirvió la farsa. El mismo Orson Wells le dedicó en el New York Times una crítica demoledora. La guerra sepultó definitivamente el film, y sus copias originales fueron a parar al agujero negro del olvido. Hasta que en 2008, en el Museo del Cine de Buenos Aires, apareció una copia de 168 minutos, la más completa de todas las existentes, y con el plus de ser el montaje original de Lang.

El argumento de *Metrópolis* es pueril, en el mejor

de los casos ingenuo, pero mirado al sesgo, contiene toda la mala leche del fascismo en ciernes. El magnate industrial Fredersen domina Metrópolis, la ciudad dividida: en los edificios opulentos residen los poderosos, mientras los trabajadores viven en lo más profundo de la tierra. En los jardines eternos, una reproducción de la inexistente naturaleza donde se divierten los hijos de los ricos, aparece María, la heroína que lucha por mejorar las condiciones del mundo de abajo. Freder, el hijo del magnate, se enamora perdidamente de ella. Pero el inventor Rotwang la secuestra para construir un robot a su imagen y semejanza, y con un cerebro diabólico. Gracias a los fragmentos recuperados en Buenos Aires, ahora se sabe que entre el poderoso Fredersen y el inventor Rotwang había un asunto de faldas pendiente: ambos habían amado a la misma mujer, pero ella fue del magnate. Cuando la amada muere, el inventor, más loco que criatura de Mary Shelley, concibe el robot a manera de venganza.

En *Metrópolis* el Estado no existe. No hay justicia ni parlamento, ni medios de comunicación ni policía. El poder ejerce su control con servicio secreto y apoyo tecnológico. La ciudad futurista funciona gracias a sus trabajadores, que yugan día y noche. El conflicto entre trabajo y capital se resuelve entre el bien y el mal, un cuento de hadas para una población seducida y alienada. ***El corazón***, dice el mensaje final, ***es el puente entre el cerebro y la mano***: la mano es el trabajo; la propiedad es ***el cerebro***; y ***el corazón***, la buena voluntad del hijo del magnate.

Poco después de la realización de *Metrópolis*, Fritz Lang se distanció de la alianza de clases que proclamaba la cinta, y que fue la base del nazismo. La lucha de clases no es una cuestión emocional, opinó. Es un problema social. Eureka. Y sin embargo, el paso del tiempo impregna de significado esta película. Porque la herencia de *Metrópolis* no está en la historia lineal y previsible, ni en el desenlace reaccionario que relata, sino en su potencia visual. Sus imágenes parecen retratar el siglo XX, sus horrores y quimeras, sus espantos. Escalofriante el desfile de obreros grises descendiendo hacia los sótanos dantescos donde se forja la riqueza. Y en la catástrofe final de la ciudad inundada, quien sabe si no esté encerrado el futuro próximo.

En *Metrópolis* no hay "naturaleza" ni pura ni divina: el diluvio, los reservorios que colapsan, el boicot y la destrucción llevan el mismo sello humano. No hay bosques sino jardines, y la historia se desarrolla entre el cielo y el infierno. El cielo es la luz, los edificios opulentos, la torre que todo controla. El infierno es el lugar de la producción, la oscuridad donde se genera la riqueza. Un ascensor conecta ambos mundos, el de arriba y el de abajo, el ying y el yang. Todo está domesticado, menos las emociones: el odio, el amor, la energía del corazón... tan sensible a los designios del poder.

La ciudad futurista archivada en el olvido, ahora reconstruida. Simbólico que los fotogramas perdidos de *Metrópolis* hayan sido recuperados en un Museo del fin del mundo y con una historia digna de un cuento borgiano. La cinta no estaba ni oculta ni confundida. Al contrario: siempre estuvo registrada con su nombre y cronología, pero se ignoraba que esa copia era un original y no el engendro de la Paramount. Había pertenecido a Manuel Peña Rodríguez, crítico de arte, productor y director de cine argentino, quien se vio obligado a vender gran parte de su colección de antiguas cintas para pagar su tratamiento contra el cáncer que lo agobiaba, y que lo llevó a la muerte en 1971. Una década más tarde, otro Peña, –Fernando Martín–, historiador de cine, supo que esa copia encerraba un tesoro. Fue por un comentario de su jefe, del Cine Club Núcleo, quien se quejó porque en una función, en los años setenta, había tenido que poner el dedo en el proyector *¡por más de dos horas!*. Como el nitrato se encoge un milímetro con el tiempo, el dedo corregía el defecto. **Supe entonces que esa cinta era la versión completa**, dice Peña. Pero debió esperar todavía otras dos décadas más para que su investigación encontrara apoyo.

Lo cierto es que ver *Metrópolis* en su versión original, ochenta y tres años después de su realización, y con la música de Gottfried Huppertz a cargo de la Orquesta Sinfónica de la radio de Berlín de más de un centenar de miembros, fue de por sí una experiencia digna de ciencia ficción, en sintonía con el original. Una fiesta imponente, plena de significaciones. Aunque Metrópolis no haya podido adelantar que el futuro iba a ser digital, que toda la información contenida en esa torre dominada por el trabajo del ser humano iba a caber en un dedal.

Qué digo, en una ínfima parte de un dedal con nombre de comida rápida: Chip

La Jornada Semanal, México, febrero 2010

LO QUE QUEDÓ

Acerca de Christa Wolf (1920-2011)

Cuando cumplió 80 años, en marzo del 2009, quise entrevistarla. Pero ya para entonces hacía veinte años que se había retirado de la escena pública, después que su libro Lo que queda desencadenara la **Literaturstreit** en la Alemania Unida, la batalla (por) de la literatura. Y era muy pero muy tímida. Le escribí entonces una carta, contándole mi deseo de conversar con ella acerca de su escritura y de la repercusión de su obra en español. Me respondió amorosamente, podría decir, disculpándose porque se iba al campo para terminar de escribir su próximo libro, (*La ciudad de Los Ángeles o el abrigo del Dr. Freud*, Alianza, 2011) y que después, quizá, nos encontraríamos.
Ahora ya no habrá un después. Christa Wolf murió el pasado 1º de diciembre.
Lo que queda es el título del desafortunado libro que CW publicó en 1990. Desafortunado no por el libro en sí, sino por el uso que se hizo de él. Allí se relata la historia, escrita en 1979, de cómo Christa y Gerhard Wolf, su marido, también escritor, fueron reclutados como "informantes" por la STASI, la policía secreta del Estado. Pero como no hubo tal información, al poco tiempo el matrimonio Wolf terminó siendo perseguido, vigilado las 24 horas del día. Pero ambos eran demasiado reconocidos a uno y otro lado del muro como para hacer un escándalo apresándolos. Cuando *Lo que queda* estaba a punto de salir a la

venta, dos periodistas de dos diarios muy influyentes de Occidente, –Die Zeit y FAZ– se adelantaron con la difusión de la anécdota y destrozaron públicamente a la autora. Las acusaciones ocuparon la primera plana de los diarios. ¿Y por qué Christa Wolf se quedó en la ex RDA entonces? ¿Y por qué no reaccionó violentamente contra ese régimen autoritario y policial? ¿Y por qué siguió defendiendo al socialismo? Pocos meses después de la caída del muro, la batalla campal por la literatura había comenzado.

El martes 13 de diciembre por la mañana CW fue enterrada en el antiguo cementerio de Dorotheenstadt donde están Bertolt Brecht, Anna Seghers, Herbert Marcuse y otros personajes notables. Y por la noche le hicieron un homenaje en la Academia de las Artes, que en una época fueron dos, como todo en Berlín, una del Este y otra del Oeste, ella perteneció a la de Occidente desde 1980, mucho antes que cayera el muro. Doce personas hablaron sobre CW, la mayoría escritores y escritoras, entre ellos Ingo Schulze, y el Nobel Günter Grass, dos de sus traductores (al francés y al italiano), y un periodista del occidente, de los (pocos) que se comportó con ella como gente. Todos hicieron mención a la –penosa– enfermedad de la que murió CW: el dolor del maltrato mediático, político, editorial, etc. durante estos últimos veinte años.

Christa Wolf perdió la batalla por la literatura. Aunque su obra fue reconocida con los más importantes premios en lengua alemana, desde el Büchner, en 1980, el más prestigioso, cuando todavía la ex RDA existía. ¿No se le perdona que haya permanecido hasta último momento en la ex

RDA? ¿Que haya querido transformar el socialismo, sostener hasta último momento la "República Democrática Alemana"? *Imagínate: hay socialismo y nadie quiere irse.* Dijo ella frente a la manifestación de un millón de personas reunidas en la Alexander Platz el 4 de noviembre de 1989, cinco días antes de la caída del muro, cuando aún había esperanzas de transformación de la ex RDA. Ahora todo eso es pasado. Sólo quedan las voces de Medea. Las que hablan de la extranjera que, engañada por amor, mata a su cría, su propia creación.

La que es vieja, pero sigue siendo salvaje.

Para leer a Christa Wolf en español
La ciudad de Los Ángeles o el abrigo del Dr. Freud, Alianza, 2011
Con otra mirada: relatos, Galaxia Gutenberg, 2010
Un día del año 1960–2000, Galaxia Gutenberg, 2007
Casandra, El País, 2005
En carne propia, Galaxia Gutenberg, 2004
Medea, Debate, 1998
El cielo partido, Círculo de Lectores, 1994
Noticias sobre Christa T., Seix Barral, 1992
En ningún lugar, en parte alguna, precedido de *La sombra de un sueño,* Seix Barral, 1992
Pieza de verano, Círculo de Lectores, 1992
Bajo los tilos, Seix Barral, 1991
Lo que queda, Seix Barral, 1991
Accidente: noticias de un día, Alfaguara, 1988
Muestra de infancia, Alfaguara, 1984

Revista–Blog Escritores del Mundo,
Buenos Aires, diciembre 2011

CASANDRA

Treinta años después

Por la atrocidad de la victoria. Por sus consecuencias, que veo ya ahora en sus ojos ciegos. Todo lo que tienen que ver se desarrollará ante sus ojos, y ellos no verán nada.

Hace treinta años que la novela *Casandra* de la alemana Christa Wolf (1929–2011) irrumpió en el mundo occidental denunciando la barbarie de la guerra y la violencia. Tres décadas después hay motivos demás para su vigencia. Su autora, que escribía en la ya desaparecida República Democrática Alemana –RDA– , solivianta con este relato a las mujeres tanto del Este como del Oeste. Era el año 1983. *Casandra* atraviesa la Cortina de Hierro, se discute en universidades y se lee en los parques, horada los muros y se instala en los teatros y en los medios. ¿Y quién es Casandra? El mito dice que es la hija de Príamo, el rey de Troya, una muchacha que adquiere el don de la profecía gracias a Apolo, pero el dios, despechado porque ella le niega su cuerpo, la condena a que nadie le crea.

"La vieja canción: no es el crimen sino su anunciación lo que hace palidecer a los hombres, y enfurecerse también, lo sé por mí misma".

El don de la profecía. Casandra advierte sobre los desastres de la guerra, amenaza con sus palabras la arrogancia de los suyos, alerta sobre las consecuencias de una masacre para su país. Casandra "ve" lo que nadie siquiera intuye. Casandra sabe. Pero a nadie le importa. Nadie quiere oírla, comenzando por su familia, que tiene en sus manos la decisión de hacer la guerra o proclamar la paz. Su padre, el rey, la encierra en una canasta de mimbre que hace descender en un pozo a varios metros bajo tierra. Necesita acallar esa voz. No la entierra viva porque la ama. Dice. Extraña forma del afecto que no permite el disenso. Pero Casandra insiste:

"Yo dije: 'No'.
Las palabras tienen consecuencias físicas.
El NO tiene un efecto de contracción, el SI de relajamiento".

La novela se publicó simultáneamente en las dos Alemanias, algo muy poco común en aquellos tiempos, y se tradujo casi inmediatamente a varios idiomas. Extraño que el desentierro de un antiguo mito logre calar tan hondo en un mundo aparentemente tan distinto. ¿Es acaso Casandra la voz de las mujeres? La lengua que habla y nadie le hace caso. ¿La voz silenciada y sin embargo acusada?

"Ser afable, modesta, sin pretensiones...eso correspondía a la imagen que me hacía de mí misma y que se levantaba casi incólume de cada catástrofe. ¿Tal vez para salvar mi autoestima– porque ser recta, orgullosa y amante de la verdad formaba parte también de esa imagen mía– herí con fuerza excesiva la autoestima de los míos?

¿Les devolví, al decirles inflexiblemente la verdad, las heridas que me habían infligido?"

Se pregunta la Casandra de Wolf. Pero algo, ella no sabe qué, logra salvarla de la locura. Cuando su padre la libera del pozo, es porque ya nada podrá evitar la guerra. Y menos Casandra, que sabe, siente y presiente la clausura del futuro. Porque su gente ha extraviado la forma de expresarse. Más que perderla: no le interesa encontrarla. Se niega a pensar. Prefiere la obediencia a la imaginación. El zumbido de la artillería antes que el riesgoso vuelo del pensamiento.

"Hago la prueba del dolor. Lo mismo que un médico, para saber si está muerto pincha un músculo, así pincho yo mi memoria.
¿Quién encontrará otra vez, y cuándo, el lenguaje? Será alguien a quien el dolor parta el cráneo. Y hasta entonces, hasta él, sólo los bramidos y las órdenes y los gemidos y los síseñor de los que obedecen".

En el reino de Troya sólo un grupo resiste contra la guerra. Son las amazonas, el mítico ejército de mujeres liderado por Pentesilea. Casandra la describe así:

"Vale más morir luchando que vivir como esclavas, decía a sus mujeres, a las que dominaba y excitaba o calmaba, como quería, moviendo un dedo. No luchaba sólo contra los griegos: luchaba contra todos los hombres".

En la novela hay un cruce entre la reina Hécuba, –madre de Casandra– y Pentesilea, que lo dice todo:

"**–Niña, tú quieres acabar con todo–**
–le increpa la reina–
–Eso quiero, porque no conozco otro medio para que los hombres acaben.–
–le responde Pentesilea–"

Tanto en el mito como en la novela, Pentesilea muere combatiendo. Aquiles, el héroe griego de la guerra de Troya la mata, aunque antes de morir ella logra herirlo.
No es ninguna casualidad tampoco que Christa Wolf haya utilizado la metáfora de Casandra para hablar indirectamente del armamentismo y la irracionalidad de la guerra en plena época de la Cortina de Hierro. Aunque ella misma haya declarado que fue por azar que se encontró con la historia de la vidente Casandra en la Orestíada de Esquilo, lo cierto es que la metáfora del mito era el recurso de los escritores de la ex RDA como Heiner Müller y Volker Braun para hablar de lo innombrable.

"**Mirándolo bien –aunque nadie se atrevía a mirarlo así– los hombres de ambos bandos parecían aliados contra nuestras mujeres**".

En marzo del 2009, cuando Christa Wolf cumplió 80 años fue homenajeada en la Academia de las Artes, la prestigiosa casa de la cultura alemana de la que ella había sido miembro a uno y otro lado del muro. Para entonces hacía veinte años que la Wolf se había retirado de la escena pública. Como su Casandra, Christa se había empeñado en dar testimonio aun cuando ya no quedara nadie más en el mundo que quisiera escucharla.

"Sólo al borde extremo de mi vida puedo decírmelo a mí misma: como hay en mí algo de todos, no he pertenecido por completo a nadie".

Christa Wolf murió en diciembre de 2011.

Desde entonces descansa en el antiguo cementerio de Dorotheenstadt de Berlín junto a Bertolt Brecht, Anna Seghers, Hegel (el filósofo, sí), Herbert Marcuse y otros notables.

La Jornada Semanal, México, 2013

LA LARGA MARCHA A TRAVÉS DEL FUEGO

Conversación con la abogada berlinesa Seyran Ateş

Su voz es suave, modulada, serena. Podría ser peruana, tailandesa, hondureña, chicana, italiana. Pero es hija de un padre kurdo y madre turca, nacida en Estambul hace 50 años y llegó a Alemania a los seis. Su nombre es programa: Seyran, en turco, significa *largo viaje*. Y Ateş *fuego, fiebre*. Así que su vida es un largo viaje por el fuego y la fiebre. ¿Cuánto quema ese fuego que atraviesa? ¿Cuánto arden las quemaduras? Sólo Seyran lo sabe. Pero el fuego que arde, también ilumina. En 1983, a sus 17 años publicó su primer libro, entonces con seudónimo. *¿De donde somos?* Era el testimonio autobiográfico sobre la vida de una joven en el seno de una familia de origen turco-kurdo en Berlín a comienzos de los ochenta: obligada a servir a sus hermanos y a toda la parentela, preparada para la boda con un turco antes de los dieciocho. Pero la niña Seyran aprende muy rápido la lengua alemana, se transforma en la mejor de la clase, y en la traductora de su familia y parientes frente al mundo alemán, logra torcer la férrea autoridad de su padre y hace el bachillerato. Cuando la amenaza de un casamiento forzado se acerca, rompe con su familia y huye de su casa. Tiene 17 años, se enamora de su profesor de alemán y se va a vivir con él a una comunidad. Comienza a trabajar en un Centro de asistencia para mujeres turcas en el barrio de Kreuzberg en Berlín, y en

1984, mientras asesoraba a una joven, un hombre se metió en el despacho y disparó a quemarropa sobre ambas. Seyran quedó malherida, la joven falleció en el hospital. Hasta el día de hoy, el asesino, un militante de los *Lobos grises*, grupo paramilitar nacionalista turco de extrema derecha, sigue libre. Una leve marca en el cuello y en el brazo izquierdo de Seyran son la memoria de ese fuego que casi la consume por completo. Pero Seyran sobrevivió. Y se convirtió en abogada para luchar con todas las herramientas legales por la autodeterminación de las jóvenes, mujeres y niñas que como ella, viven en Alemania, pero están sometidas a una cultura y tradiciones opresivas, donde la rebeldía se paga con la propia vida. En 2003 su biografía *Un largo viaje a través del fuego*, que se lee con el suspenso de una novela policial, hace estallar el debate en Alemania sobre la violencia contra las mujeres y los matrimonios forzados en la cultura islámica. Seyran Ateş se gana todos los enemigos. Pero entonces ya está a la vanguardia en la lucha de los derechos de sus hermanas, como la socióloga marroquí Fátima Mernissi, la escritora Taslima Nasreen de Bangladesh o la jurista iraní Shirin Ebadi, la primera mujer en obtener el Premio Nobel de su país por su compromiso por los derechos humanos y de las mujeres.

"Yo cojo con quien quiero"

En 2005 Hatun S., de 23 años, una joven berlinesa de origen kurdo, fue asesinada a tiros por su hermano cuando estaba esperando el colectivo en la esquina de su casa, en un barrio de Berlín.

Un crimen en nombre *del honor,* por oponerse al mandato de la religión, las costumbres, la familia, las tradiciones. Hatun S. había querido hacer el bachillerato pero a los 16 años su padre la retiró del colegio y la mandó a Turquía donde la esperaba el candidato para marido. Hatun se casó, se divorció, regresó embarazada a Berlín, fue madre, vivía sola y acababa de terminar sus estudios de electricista. *Yo cojo con quien quiero,* le dijo a su hermano días antes que éste la asesinara.

Seyran Ateş recoge estas palabras de Hatun y escribe su polémico ensayo *El Islam necesita una revolución sexual.* El libro ve la luz en 2008, y la abogada Ateş, entonces madre de una niña de tres años, recibe tantas amenazas de muerte involucrando a su criatura, que decide cerrar su despacho de abogada, suspender sus conferencias y lecturas y retirarse de la vida pública. Hasta que los vientos de la "primavera árabe", que conmueven los cimientos de las sociedades tradicionales, le dan la razón y la devuelven a la escena pública.

Hace menos de un siglo, el barrio berlinés de Wedding era la cuna del proletariado industrial, insurrecto, comunista, rojo. Ahora, extranjeros de diferentes orígenes se mezclan en sus calles con alemanes, mujeres con velos y jóvenes con mínimas remeras se arremolinan en los puestos callejeros de frutas y verduras en la irrupción del verano. Hace unos meses la abogada Ateş abrió su estudio en estas calles. La encuentro pocos días después de su regreso de Estambul, su ciudad natal, y donde sigue con entusiasmo las movilizaciones de jóvenes por el parque Ge-zi.

–Acaba de llegar de Estambul, la ciudad donde nació. ¿Participó de las movilizaciones?

Sí, por eso estuve allí a principios de julio. El día que llegué me encontré con una joven de 23 años que estudió un año en París, y sin velo. Me cuenta que hay barrios en Estambul que ella ni conoce, como Fatih, un barrio muy tradicional, allí hay casi únicamente mujeres con velo. Y me decía que si fuera por ella volvería inmediatamente a vivir en Occidente, que en ese año lo que más disfrutó es que nadie se metía en su vida. Podía ir libremente donde quisiera, que nadie se interesaba por ello ni la molestaba. No se preguntaba todo el tiempo ¿puedo hacer esto o no debo? O ¿qué debo ponerme? ¿Puedo ir a tal lugar si me pongo tal o cual cosa? Turquía es una República, un Estado moderno, laico, pero la religión está tomando cada vez más lugar, más espacio... Y los jóvenes que se enfrentaron a las autoridades para defender los árboles del parque Ge–zi, ahora se manifiestan por la libertad y la autodeterminación de su vida. Las manifestaciones del 68 hicieron lo mismo. Trazaron un límite entre religión y política. Enfrentaron a la Iglesia y la expulsaron de sus dormitorios. Lo mismo están buscando las personas del mundo islámico en este momento: que la religión respete nuestra vida privada, nuestra vida íntima. Que no siga determinando punto por punto cómo tenemos que vivir.

–Cuénteme su impresión de las manifestaciones.

Participé de las marchas y del primer *GasMan* (lacrimógeno) *Festival*. Habían muy pocos velos allí, por supuesto. Porque en un movimiento que lucha por la libertad no puede haber velos. En el parque Ge-zi había apenas un dos por ciento de jóvenes con velo, según los activistas. No tengo ni un ápice de tolerancia para el velo, porque según mi entendimiento político son mis opositoras. Igual que en la época de las sufragistas. Había mujeres que querían votar y otras que no.

Nada de tolerancia

–¿Hay más jóvenes ahora con velo que en los años ochenta?

Se ve claramente. Desde el ataque a las torres el 11 de setiembre, la vida de los musulmanes ha cambiado en todo el mundo. También en Alemania y en Berlín. Cada vez hay más chicas con velos, es su forma de demostrar que se encuentran mejor en su cultura, donde son aceptadas. Es una cuestión de identidad. Es una forma de decirles a los alemanes "'soy algo diferente' ... No quiero vivir como ustedes viven, etc... no me parece bien que usen minifalda y remeras escotadas, etc..."

–*Entonces su llamado a una revolución sexual en el Islam tiene que esperar mucho tiempo.*

¡No, claro que no! Porque de un lado tenemos esta situación, pero por otro crece la cantidad de jóvenes que ya no aceptan esas restricciones. La revolución sexual en el Islam está en pleno avance en el norte de África, en la revolución en Egipto, en la lucha por la democracia. Ahí hay también una lucha por la autodeterminación sexual.

—*¿Y las violaciones colectivas a mujeres en la plaza de Tahrir en El Cairo?*

Es una reacción violenta para disciplinar a las mujeres, para expulsarlas de la escena pública. Mujeres egipcias informan desde El Cairo que da lo mismo si están totalmente cubiertas con una burka como si van medio desnudas. El acoso masculino y los manoseos se dan todo el tiempo, solamente por el hecho de ser mujer y por estar en la vía pública.

—*Va a ser una lucha larga...*

Usted tiene absolutamente razón. Y la pregunta es en qué medida Occidente tiene interés en que ese mundo islámico se modernice y de esa manera se fortalezca. Los sauditas no entienden, no se puede comprender cómo con tanto dinero pueden ser tan estúpidos, como se puede excluir a la mitad de la población de la vida económica, es decir a las mujeres. Son multimillonarios, gracias al petróleo, y sin embargo están paralizados. Excluyen a la mitad de la población de la vida, en vez de impulsar la modernización del mundo islámico. Una mujer no debe conducir, porque en caso que tenga un accidente un médico no puede tocarla. ¡Es absurdo! No se puede mantener esa opresión por mucho más tiempo. En esas familias las mujeres no tienen ningún derecho. No solamente en Arabia Saudita, también acá, en Alemania, hay esas familias, donde las mujeres son tratadas como niños pequeños. Como esclavas.

–¿*Dónde está el límite entre las culturas y dónde comienzan los derechos humanos universales? Existe una tendencia de ciertos sectores progresistas a tolerar las diferencias en nombre de las autonomías culturales.*

Esta forma de análisis es falsa. Los derechos humanos son universales. ¿Nos preguntamos acaso porque el mundo utiliza números árabes? Eso no expresa la cultura europea, ni las tradiciones. ¡Deberían recuperar sus números romanos! ¿Cómo pueden entenderse con un instrumento proveniente del álgebra? Si es un invento árabe debe ser para el mundo árabe... ¡es totalmente absurdo pensar así! Las necesidades y sentimientos del ser humano son universales a lo largo y a lo ancho del mundo. Que tengamos diferentes formas de vivir la vida y la muerte son particularidades culturales. Pero la dignidad humana es igual en todas partes. La libertad, la igualdad de derechos significa en todas partes lo mismo.

Crecer con el muro

–*En su ensayo* El error multicultural *usted cuenta la evolución y diferenciación de la migración turca en Alemania a través de las generaciones.*

La primera generación fueron **Gastarbeiter**, "trabajadores invitados". Y no está mal que se los nombre así. Mis padres sólo querían trabajar y ahorrar dinero para volver a su país con una situación económica mejor. No estaban buscando ningún nuevo país. Esto diferencia a la primera generación de cualquier movimiento migratorio del mundo. No se puede hablar de migrantes en ese caso, porque deseaban volver lo más pronto posible. Y vivían en consecuencia. En pequeñas viviendas para no pagar mucho alquiler, no traían a sus hijos porque no pensaban quedarse, ni aprendieron el idioma, porque para trabajar en una fábrica era suficiente con las manos. Esa fue la primera generación.

–*¿Y la segunda generación?*

Cuando estos "trabajadores invitados" comprendieron que ni en un año ni en dos iban a ahorrar suficiente dinero, y extrañaban muchísimo a sus familias, comenzaron a traer a sus esposas, a sus hijos... Alemania no estaba preparada, no había un sistema para recibir estos niños, ningún plan de integración. Probaron ponerlos en las escuelas junto a alemanes, pero no sabían ni una palabra alemán. Después hicieron clases de niños extranjeros... Eran sólo medidas transitorias, porque pensaban que pronto nos volveríamos con nuestros padres. La segunda generación tuvo que arreglárselas en ese caos. Tuve suerte que llegué a una clase alemana, era la única niña turca en el preescolar y aprendí muy rápido el idioma. Era muy desconcertante manejarse entre dos mundos. Acá ya se diferencian las generaciones.

Mientras que la primera era relativamente homogénea, la segunda era muy heterogénea. Algunos aprendían la lengua, otros menos; algunos tenían amigos alemanes, otros no; algunos se orientaban a las costumbres occidentales, otros seguían influenciados por la familia tradicional... y así convivían en sociedades más o menos paralelas.

–*Entonces cae el muro...*

En 1989 cae el muro y se produce un quiebre. Ya a mediados de los 80 habían comenzado las agresiones contra los extranjeros porque había menos trabajo, y cuando esto pasa, crece el racismo. Y ahora con más razón, porque había suficiente mano de obra proveniente de los nuevos Estados Alemanes. Ya había que tener miedo de ser extranjero. Pero nosotros estábamos acá, y no nos íbamos a ir.

–*¿Así que usted creció con el muro en Berlín?*

El muro tenía 8 años cuando yo tenía seis. Yo crecí con el muro. Y en 1989, cuando el muro cae, yo tenía 26 años. Me alegré tanto con la reunificación de la ciudad, lloré como cualquier alemán, porque me sentía alemana, me sentía berlinesa. Pero muy pronto comencé a tener miedo. Cada vez había más gente que gritaba "Alemania para los alemanes"... cada día más ataques de grupos extremistas, más amenazantes. Aunque no era algo nuevo para mí. A los seis años señoras ancianas ya me gritaban en la calle, que me regresara a mi país. Y mis padres querían volverse, pero no les pagaban suficiente, así que no podían irse... no ganaban tan bien como se les había prometido, el costo de vida era muy alto, ¿cómo podían hacerse una existencia en Turquía con el poco dinero que podían ahorrar? Sólo unos pocos lo lograron.

–Entretanto ya había nacido la tercera generación.

Y en una situación muy desesperanzada. Nacieron en ese ambiente hostil y se dieron cuenta muy pronto que no eran deseados. Ellos viven más crudamente que nosotros, que nacieron en un país que los rechaza, y no saben dónde pertenecen. En mi primer libro también me pregunto dónde pertenezco. Pero la tercera, y ahora la cuarta generación, se hace esta pregunta con más intensidad. Entretanto sé donde pertenezco, acá y allá y en todas partes donde me siento bien. Es un proceso, el desarrollo de una identidad.

El fuego y la furia

–Hace casi treinta años usted sobrevivió a un femicidio antes que la palabra existiera, y la mujer que usted estaba asesorando murió... ¿Sigue sufriendo amenazas de muerte?

Sólo porque soy una mujer que escribe estos libros, que lucha por la igualdad, sólo por esa razón debería morir. Sólo por mi sexo. La misoginia, comenzando por el lenguaje, es mucho más fuerte en el idioma turco que en alemán. Cuando publiqué *El Islam necesita una revolución sexual* (2008) se multiplicaron las amenazas de muerte. Cerré mi oficina de abogada y me retraje de la vida pública. Ahora, en marzo abrí nuevamente mi estudio. Todo tiene que ver con "la primavera árabe", acá en Alemania se está hablando abiertamente de muchas cosas, la justicia se comporta de otra manera, ya no tengo tantos enemigos ni soy una voz aislada contra los matrimonios forzados y la violencia contra las niñas y las jóvenes, porque la opinión pública es más consciente de estas cosas. Pase lo que pase la cuestión salta a la vista: se ha roto el tabú, se puede hablar abiertamente de esa cultura, juzgarla. Se disparó la flecha, como se dice.

–Usted ha sido consciente muy pronto de las tensiones entre los mundos, la tradición y la modernidad, lo alemán y lo turco, rompió con su familia pero ama a sus padres y hermanos, abrazó el feminismo, vive su bisexualidad libremente, luchó mucho tiempo en soledad contra la violencia de las culturas ¿cómo hizo para no volverse loca?

Créame que yo misma me lo pregunto muchas veces. Pero es la fuerza que tengo, porque después del atentado soy creyente. Y por otro lado, la furia me da coraje, me impulsa a seguir luchando. Esas mujeres que nos antecedieron, que lucharon mucho antes de nosotras, las siento en mí. Puedo parecer supersticiosa, mística, esotérica, pero al mismo tiempo tengo los pies muy puestos sobre la tierra, estoy acá, en este mundo y lucho por la igualdad. Y me siento parte de una tradición de lucha, de una genealogía de mujeres.

– ¿Y cómo es ese dios en el que usted cree? ¿Es el hombre de la barba, la gran autoridad celestial?

De ninguna manera. Tuve una experiencia después del atentado. Como usted sabe, la bala penetró a milímetros de la yugular y por milagro no me desangré. Pero no sentí que me caía sino que flotaba. Y en medio de un sentimiento de absoluta felicidad, tenía que decidir si me iba de este mundo o si me quedaba. Sentí que hablaba con una fuerza superior, una energía poderosa, un medium que no tenía rostro, era una voz con la que yo me comunicaba, no como nosotras ahora, a viva voz. No: era una voz en mí misma. Quieres quedarte o quieres irte, me preguntaba. Y yo dije: "todavía soy joven, quiero realizar mi tarea". Tenía entonces 21 años. Y créame que muchas veces me pregunto por qué tomé esa decisión, porque lo que hago no es nada sencillo. Por favor, ruego a veces, házmelo un poco más fácil. He tratado varias veces de retirarme, y no lo consigo. Hay una fuerza dentro de mí que me dice: para eso estás en este mundo. Puede parecer algo místico, pero aunque tengo bien los pies sobre la tierra, eso se siente. Cada uno de nosotros siente lo que tiene que hacer en este mundo, y especialmente cuando una se compromete con estas cosas. He amado mucho, amo a las personas, y nunca voy a aceptar que solamente por el hecho de ser una mujer, me traten diferente. Esa es la fuerza que me impulsa.

Una podría quedarse conversando con esta mujer, que ha sido condecorada con tantos premios a su coraje y a su lucha, de la misma manera como no se puede separar la mirada del fuego cuando arde, pero le agradezco, me levanto del cómodo sillón, la saludo con dos besos –*como las turcas* –me dice– y me voy como he llegado. Atravesando puertas y discretos controles. Medidas de seguridad que pueden llamar la atención en una ciudad abierta como Berlín. Y no es para menos: Seyran Ateş es una sobreviviente. Una vez en la calle, mientras me pierdo entre la gente de tantos colores y mundos, imagino las vidas detrás de cada una de estas personas que pasan raudamente a mi lado. Pero no son brasas las que atraviesan mis pies. Es apenas el sol tibio de este mediodía de verano.

Página 12, Argentina, mayo 2013

El nombre de las piedras

&

I am Tom, dice. Ha venido de Inglaterra con la mayor parte de la familia, gente joven. Pero él ya está viejo, le cuelgan los pantalones sobre sus piernas delgadas. Su nariz enrojece, sus ojos, detrás de gruesos cristales, esconden alguna lágrima. Una gorra le cubre la cabeza. Parece un primo de Woody Allen pero es un berlinés. Nació en el edificio de esta esquina, destruido por los bombardeos durante la guerra como casi todas las viviendas de este barrio de Berlín, y en su lugar se construyeron departamentos sencillos durante la postguerra. Acá vivían el físico Albert Einstein y también la editora Lisa Matthias, por quien Tucholsky perdió la cabeza, y la poeta Else Lasker-Schüler y la cantante Claire Waldoff. Todos ellos se vieron obligados a emigrar en 1933 cuando Hitler fue ungido canciller. Hace ochenta años.

La familia de Tom y algunos vecinos nos hemos reunido en la esquina donde se van a colocar las placas de bronce que recuerdan a los Meyer, arrancados de sus viviendas y asesinados en Auschwitz. **"Stolpersteine"** se denominan en alemán: piedras para tropezar, piedras para recordar. En cada placa de diez centímetros por lado, se graba el nombre de la persona, la fecha de nacimiento, el día de la deportación, el lugar del asesinato. Colocarlas es casi tan arduo como el ejercicio de la memoria. Se quitan algunos pocos adoquines de la vereda, se hace un colchón de cemento y luego se incrustan las placas. Se adhieren al piso como huellas que se resisten a borrarse. Hay lugares donde se siente el temblor de tantos pasos perdidos. Cinco acá. Ocho allá. Tres más adelante. ¿Cómo hicieron para no verlos? ¿Cómo para no darse cuenta?

Es triste lo que les voy a contar, dice Tom, pero es la historia. Aunque tampoco es tan triste, porque acá no ha muerto nadie. Sólo se muere alguien cuando ya no se lo nombra. Y ahora nombramos a mi abuela, a mis tíos, a mi primo. Son los Meyer. Hoy aprendí la palabra "primo" dice Tom. Mi padre nos educó en el idioma inglés. Somos ingleses, nos dijo. Pero, Tom insiste, somos multinacionales, multiculturales. Y repite. Sólo se muere alguien cuando se lo olvida. Nuestra familia estuvo largo tiempo perdida. Ahora estamos otra vez todos juntos. En Berlín, en Inglaterra, en el mundo.

Le alcanzan una rosa, él la coloca sobre la piedra. Con todo mi amor y mi recuerdo, dice. En alemán. Y se le quiebra la voz.

Me estalla un dolor en la garganta. ¿Dónde quedó la familia de mi abuelo? ¿Dónde sus hermanos? ¿Dónde los que naufragan?

Gracias al mar que no se tragó a mi abuelo.

&

Cada baldosa, cada piedra, cada casa, todo puede recordar lo que ya no está, lo que alguna vez fue, lo que ha sido. **Cualquier piedra que levantes, desnudas, renuevan el entramado desde hoy**, escribe Paul Celan. En 1933 vivían en Berlín unos 170 mil judíos alemanes. Al principio de 1940 quedaban apenas ochenta mil. En 1941 comenzaron las deportaciones. En 1943 sólo eran 27.500, en abril 18.300, en junio 6.800.

Y porque miles es una cifra vaga pero que encierra nombres y destinos únicos, hace más de una década, el artista plástico Gunter Demnig decidió instalar en una vereda de Berlín las primeras Stolpersteine con el nombre y apellido y la edad y el día de la deportación de cincuenta personas. Fue en mayo de 1996 y en una iniciativa organizada por la NGBK, la Nueva Asociación de Artistas Visuales.

Desde entonces la acción se volvió colectiva. Cuarenta mil piedras ya tienen nombre en setecientos lugares de toda Europa. Instituciones, familiares de los desaparecidos, vecinos de los edificios, se ocupan de indagar el destino de cada uno de los ciudadanos deportados y asesinados en los campos de concentración. Una vez que se conoce la historia de cada uno de los habitantes desaparecidos del edificio se graban las placas y se instalan en las veredas.

&

Mi abuelo llegó a Buenos Aires en un barco. Se embarcó en Trípoli como polizón, escondido en la bodega con otros refugiados como él, para arribar a Marsella, donde logró blanquear a medias su situación. Venía de Siria, a principios del siglo XX, cuando esos territorios estaban ocupados por el Imperio Otomano.

Mi abuelo no tenía un pasaporte. Su nombre fue cambiando según el capricho, el idioma o la ortografía de los empleados de migración de los puertos donde anclaba.

No sé nada de él. No hay un registro de su llegada al país, no estuvo en el Hotel de Inmigrantes como yo creía, no tuve edad para preguntarle cuando lo conocí. Pero me acuerdo que aspiraba a perpetuar su apellido. Todo –o casi todo– salió al revés.
El apellido que me legó mi abuelo es el itinerario de su migración.

&

No fue fácil indagar el destino de quienes nos precedieron en esta casa donde vivo. Porque los inquilinos y propietarios judeoalemanes de este edificio –como de otros también– no fueron arrastrados de un día para otro a los campos de concentración. Las familias eran trasladadas a un lugar "de tránsito", donde se decidía su destino según su "clasificación": los ancianos, los enfermos, los discapacitados, los niños, los jóvenes y adultos con aptitud para trabajar.
Durante la guerra el edificio fue alcanzado por una bomba incendiaria, que destruyó gran parte de los techos y provocó el derrumbe de los muros. El ascensor quedó intacto. Y como los cimientos eran suficientemente sólidos, la reconstruyeron.
La señora Hertel, que vive en la planta baja desde principios de los 70, se encargó de la investigación. Puso anuncios en el periódico, en la web y en el Museo del distrito. Buscó incansablemente en los catastros de la Municipalidad. Y al cabo de dos años dio con los nombres de quienes no habían podido escapar de la telaraña nazi. En el legajo figuraba "Abreise". Partida. Era el eufemismo para ocultar el

transporte definitivo. La solución final.

&

Estaba soleado el día que pusieron las placas en la vereda de esta casa donde vivo.

&

En el edificio vive una familia coreana. Llegaron después de la guerra, los hijos nacieron en Berlín, pero sus rasgos siguen siendo orientales. De dónde vienes, cuánto tiempo hace que estás acá, cuándo te regresas, son las preguntas de rigor para los extranjeros o los que portan rostros diferentes. Cuando en los años 60 y dada la escasez de mano de obra, Alemania invitó a trabajadores de diversos países, se pensó que más temprano que tarde éstos regresarían a sus lugares de origen. Pero la mayoría no volvió. Porque no pudieron hacerlo, o porque ya no lo deseaban, o porque trajeron a su familia y los hijos se asimilaron… hoy un 40 por ciento de los jóvenes menores de veinte años que viven en esta ciudad tiene un progenitor oriundo de otro país, o ambos padres. O él mismo ha nacido en otro país. La diversidad que un día fue destrozada está otra vez aquí.

&

"La Diversidad Destrozada". Así se llama la exposición permanente que circula por todo Berlín. Cada barrio, cada plaza, cada vereda, evoca los 80

años de la entronización del nazismo en este país –el 18 de enero de 1933–. En el Museo Histórico y en cada lugar estratégico se yerguen columnas con historias de vida que evidencian la destrucción de la diversidad durante los años del nazismo.
La diversidad que ahora ha vuelto a poblar Berlín. La diversidad, que significa libertad.

&

La colocación de cada placa es un arte. Hay que afirmarlas muy especialmente, para que nadie venga por la noche a arrancarlas, como ya han hecho en algunos lugares. O a profanarlas. El procedimiento toma su tiempo. Los vecinos hemos sido citados a las once de la mañana y estamos todos. Los del primer piso y los del segundo, los del tercero, los del cuarto.

&

Mis padres están de vacaciones en Corea pero yo, aunque ya no vivo acá, no quise dejar de venir. Esta casa es mi infancia y mi juventud. Y esta es mi ciudad. Aunque muchos creen que soy chino. O coreano. O japonés. Pero soy berlinés. Dice el joven que ha venido en representación de su familia. Y acá estoy yo, viendo a mi abuelo que huye del Medio Oriente antes que su país se convirtiera en la lengua de fuego que se traga a sus padres. Y a mis abuelos que vinieron de Italia arrasados por hambrunas. Tantas sangres confluyen en este momento en la vereda mientras el artesano afirma meticulosamente las placas.

Mi Berlín: Crónicas de una ciudad mutante

&

Entonces habla la señora Hertel. Cuenta de su peregrinaje por un sitio y otro hasta encontrar respuesta a sus preguntas. Quienes vivían acá eran personas con nombre y apellido. Una vida de la que poco o nada sabemos, poseían frazadas y abrigos que debieron entregar aunque era invierno. Son cinco. Pero no son un número. Son personas, con una vida, una familia, sueños, una historia truncada. Ida Julie Auerbach, que ya era una anciana, y sus hijos adultos Alfred y Hans. Sigfried Meyer, del que poco o nada se sabe. Y la más joven, Ida Hellmann, 31 años. Antes del "Abreise" debían declarar sus pertenencias. Ida Hellmann declaró "Nada". Nada poseía. Ni siquiera una manta. La historia de estas personas está en el legajo que guardaron los asesinos. Los administradores del régimen registraron con meticulosidad el despojo.

Nombrar las personas, contar la vida, fue un momento único. No exagero si digo que las lágrimas llegaron a nublar la mirada del vecindario. Aunque hayan pasado ochenta años.

&

Todos los días llegan a Berlín refugiados que huyen de la guerra civil de Siria. Familias enteras, niños, mujeres. O los africanos que ya no tienen lugar en Lampedusa. Los distritos disponen escuelas y centros deportivos como alojamientos temporarios, las Iglesias y grupos ciudadanos organizan cadenas de solidaridad. Pero también hay fanáticos neonazis que realizan violentas manifestaciones para amedrentar a la población de los barrios donde residen los refugiados.

La libertad, como la diversidad, es un bien precario. Ser libre es como ser feliz. No hay tiempo para dormirse en los laureles. La diversidad destruida en 1933 retornó, pero hay que defenderla todos los días. Como las piedras de la memoria, que hay que pulir una vez por semana para evitar que el metal se deteriore.

La Jornada Semanal, México, noviembre 2013

25 años
SINFONÍA DE UNA METRÓPOLI

Veinte años no es nada dice el tango. Pero veinticinco parecen una eternidad.
A un cuarto de siglo de la caída del muro de Berlín, y de la disolución de la guerra fría y la Cortina de Acero que dividía el mundo, la ciudad ha cambiado tanto que casi ni quedan rastros de aquellas costuras que la hicieron famosa. ¿Qué fue de aquella pared de más de cien kilómetros que separaba el este del oeste, y bloqueaba calles, rieles del tranvía, y se metía en los bosques, en el río, en los lagos? ¿Y cuándo los trenes del metro de Berlín Occidental no se detenían en las estaciones de Berlín del Este, ex capital de la RDA? Esos trayectos sólo existen en la memoria. La callecita estrecha que terminaba en la nada se transformó en una avenida. Resulta imposible imaginar el sendero a lo largo del muro en los contornos de este edificio renovado que ahora constituye la Cámara de Diputados de Berlín. Y el parque, aquel sector del Tiergarten donde se erigían los miradores para turistas, ha devenido en un túnel para que el flujo de automóviles llegue con más celeridad a la Potsdamer Platz... que antes era un baldío minado y ahora es el centro neurálgico de esta ciudad.
Bajo el efecto de un volantín, lo que estaba al derecho quedó al revés y viceversa.
Desde entonces el movimiento es el protagonista de esta ciudad. Brazadas liberadoras y ajetreos que contracturan, contorsiones abruptas o pulsaciones

apenas perceptibles, en Berlín todo se mueve. Se desplazan los barrios, se trasladan las plazas, las calles cambian de nombre, se desmontan palacios y se reconstruyen castillos, se inventan playas donde no hay mar, emergen monumentos mientras otros se desmoronan. Viviendas sociales de los años cincuenta resisten frente al avance de deslumbrantes torres de vidrio, monoblocs del realismo socialista compiten con palacios neoclásicos, edificios del nazismo y la Bauhaus, discotecas en azoteas y mercados de pulgas y antigüedades en un ejercicio continuo de contrastes extremos.
Paradigma de estas turbulencias lo constituye el Palacio de Federico de Prusia, que durante más de dos siglos y hasta los años treinta, supo ser símbolo del imperio prusiano en el corazón de Berlín. El edificio, seriamente averiado por los bombardeos durante la segunda guerra, fue dinamitado por el gobierno de la ex RDA, y en su lugar se construyó el Palacio de la República, sede del Parlamento, lugar de encuentro, con trece restaurantes, varias galerías de arte, discoteca. Pero en 1990, después de la reunificación alemana, el Palacio de la República fue declarado insalubre, –metáforas aparte–, por su alta concentración de amianto. Después de numerosas consultas ciudadanas en busca de consenso fue derribado. Pero esta vez sin dinamita, sino desmontando pieza por pieza, tal como había sido construido, a fin de proteger los edificios cercanos de posibles ondas destructoras. Y en su lugar, ahora sí, se construirá una réplica del antiguo Palacio Real, cuyos costos siderales erizan la piel de la sensatez. Mientras tanto, en pleno centro de la ciudad, a orillas del Spree, y en ese conglomerado histórico sobre el

tradicional boulevard Bajo los Tilos, hay ahora una enorme grieta, donde se asientan maquinarias y grúas, símbolo del baile superlativo de esta ciudad, capaz de generar sus propias ondas sísmicas.

Pero no sólo la arquitectura y la mirada sobre la ciudad y los transportes públicos circulan por circuitos antes bloqueados, cerrados, colgados. También los grupos humanos se desplazan y son desplazados, mudan los vecinos de los barrios, acaso con demasiada rapidez, casi medio millón de extranjeros de 190 nacionalidades conviven con los alemanes, y los turistas del mundo y de Alemania se han volcado a caminar Berlín, y la declaran top después de París y Londres. Más de once millones la visitaron el año pasado y la tendencia sube año tras año.

La ciudad más dinámica de Europa

El alcalde Klaus Wowereit, que en pocas semanas deja su cargo porque decidió renunciar dos años antes que termine su período, fue el gestor político de la imagen del Berlín actual. Candidato de la socialdemocracia en 2001, produjo un terremoto al asumir públicamente su homosexualidad en un discurso que lo catapultó a la popularidad: *Soy maricón...* –dijo– *Y está muy bien así.*

Fue el primer político alemán en salir del closet, y su declaración fue como la caída de otro muro. De golpe se abrieron las compuertas, para que, en medio de una ola de privatizaciones, de la crisis social y las diferencias entre Este y Oeste, emergiera la imagen de Berlín tolerante.

Pero como todo cambia, trece años después, también la popularidad del alcalde Wowereit ha caído en picada. La población votó en referéndums sucesivos a favor de la "desprivatización" del agua y en contra de proyectos inmobiliarios del gobierno berlinés en el inmenso predio que un día fuera el aeropuerto de Tempelhof, definitivamente clausurado. Por otra parte, hace años que tendría que haberse inaugurado el nuevo aeropuerto de Berlín, pero aún no se encuentra la forma de superar dificultades técnicas para levantar vuelo. Lo único volátil son los millones de euros que se evaporan cada día. Que se hunden en las promesas. Y con él, el alcalde que fue la esperanza berlinesa durante años. Pero también es el alcalde que dijo **nadie tiene derecho a vivir en el centro de Berlín** y con ello abrió la puerta a los "inversores". Los inversores son la figura que aparece cuando hay problemas para resolver. En el caso de la vivienda, los inversores compran calles enteras de edificios. Con inquilinos incluidos. A éstos se les ofrece una indemnización bajo el pretexto de modernizar. Una vez renovados, los departamentos tienen un costo inalcanzable para los antiguos vecinos. Así se va produciendo lo que en términos sociológicos se denomina "gentifricación", es decir, el desplazamiento de sectores sociales de menor poder adquisitivo hacia la periferia de las ciudades. Y en ese avance el año pasado la East Side Gallery, el último vestigio del muro, fue arbitrariamente abierta para dar paso a las topadoras de la firma inmobiliaria que construye la *Living Levels*, en la ribera del Spree. Una torre de sesenta y tres metros de altura, con amplias fachadas completamente vidriadas, a fin de permitir la visualización del río desde cualquiera de las habitaciones. Para mirar el futuro. Con otros ojos.

Ciudad de pobres corazones

Al mismo tiempo Berlín sigue teniendo una tasa de desocupación del 11,1 por ciento, sólo superada por Bremen con el 11,2 por ciento, y un 15, 2 por ciento de la población vive de los programas de ayuda social. Según informes de la Asociación Paritaria de Beneficencia Pública, uno de cada cinco berlineses estaría amenazado de caer en la pobreza. El porcentaje más alto que en cualquier otra ciudad alemana. ¿Qué significa pobreza? Para esta Asociación, la pobreza se mide cuando una familia dispone de menos del 60 por ciento del ingreso promedio para satisfacer sus necesidades básicas.

Si bien un cuarto de siglo después, pocos son los vestigios de la vida **anterior**, lo que sigue haciendo ruido son las diferencias sociales que se generaron después de la apertura. Y a medida que pasa el tiempo, se afirma la idea que la unificación se hizo a costa de los ciudadanos de la ex RDA, por no haber incorporado las experiencias positivas que caracterizaban al Este. No es posible que nada haya sido bueno, dice Peter, artista circense, del sector occidental de la ciudad. *Ellos tenían muchos avances en lo social que nosotros hemos desbaratado. Que cada niño tenga derecho a un lugar en una guardería, que exista la opción de doble jornada en las escuelas con almuerzo incluido. Estamos muy lejos de todo eso, y sin embargo, en la ex RDA tenían eso y más.*

Pero la cuestión mayor no siempre está en el bolsillo, aunque sea un lugar muy sensible. El alma puede más, según el testimonio de la escritora Susanne Schädlich, un caso bastante singular. La familia Schädlich emigró de la ex RDA a Occidente a fines de los 70. Fueron años difíciles, afirma la escritora, porque debían "integrarse". Se sentían "extranjeros" aunque vivieran en Alemania. En 1987 Susanne Schädlich se fue a USA a trabajar como traductora y luego comenzó a escribir. En 1989 regresó a Berlín reunido y constató que allí la "adaptación" no era nada fácil. Veinticinco años después, muchos ciudadanos se siguen sintiendo en tránsito, según el ensayo que Schädlich escribió para la Radio Cultura. *Si rápidamente logramos éxito en nuestras profesiones, somos oportunistas, si hablamos de lo que se ha perdido, somos nostálgicos. Es como si no existiéramos en este país.*

La fiesta continúa

Entretanto la ciudad continúa su revuelta.
Ni las estatuas de Karl Marx, sentado, y Friedrich Engels, de pie a su lado, se salvan de la mudanza. Antes, en el centro de la plaza frente a la Municipalidad, ahora en una esquina.
Envueltos en una ráfaga de melancolía, mirando pasar la historia.

La Jornada Semanal, México, septiembre 2014

Títulos publicados

Colección Mirada Ensayo

Blas Matamoro Rossi
Lógica de la dispersión o de un saber melanólico **(edición papel y digital pdf)**

Arturo García Ramos
El cuento fantástico en el Río de la Plata (edición papel y digital pdf)

Elsa Heufemann-Barría
Orellana, Ursúa y Lope de Aguirre: sus hazañas novelescas por el río Amazonas (edición papel y digital epub)

Fabio Martínez
Los viajes de la música. Música y poesía afroamericana (edición papel y digital epub)

Colección Mirada Narrativa

Blas Matamoro
Malos ejemplos (edición digital pdf gratuito)

Consuelo Triviño Anzola
Prohibido salir a la calle (edición papel y digital pdf)
El ojo en la aguja (edición digital pdf y epub gratuito)

Guillermo Roz
La vida me engañó (edición papel)
Avestruces por la noche-Dos nouvelles (edición papel y digital pdf)

Héctor Perea
Los párpados del mundo (edición papel y digital pdf)

Luis Fayad
Testamento de un hombre de negocios (edición papel y digital pdf)

Juan Moro
La última parroquia antes de América (edición papel)

Darío Ruíz Gómez
Crímenes municipales (edición papel y digital pdf)

Alexander Prieto Osorno
Bonitos crímenes (edición papel y digital epub)

Fernando R. Mansilla
Gabinete veneciano (edición papel y digital pdf)

Fernando Cruz Konfly
La vida secreta de los perros infieles (edición papel y digital epub)

Enrique Martín Zurdo
Pasos cortados (edición papel y digital epub)

Encarnita Vital Sacramento
Menos cuento que Calleja (edición papel y digital epub)

Martina Robles Rodríguez
No hay reloj para el olvido (edición papel y digital epub)

Fabio Martínez
El desmemoriado (edición papel y digital epub)

Esther Andradi
Mi Berlín. Crónicas de una ciudad mutante (edición papel y digital epub)

Colección Mirada Poesía

Pedro Granados
Al filo del reglamento. Poesía (1978-2005) (edición digital pdf gratuito)

Samuel Serrano
El hacha de piedra (edición papel)

Anna Blasco Olivares
Los mares de arroz (edición papel y digital pdf)

Darío Ruiz Gómez
En ese lejano país en donde ahora viven mis padres (edición papel y digital pdf)

César Cuadra
S e r y n o s e r / WilkiLeaks Poems (edición papel y digital pdf)

Omar Ortiz
Diario de los seres anónimos (edición papel y digital epub)

Colección Mirada Arte

Alfonso Fernández-Cid Fenollera
Fenollera –Catálogo– Obra pictórica (edición papel)

Colección Mirada Miscelánea

M. Carme Melchor Carpio
Así sea (Aché to) (edición papel)
Reflexos d'ultramar (edición papel)

Alfredo Cerda Muños
El teatro universitario en Guadalajara entre 1960 y 1990 (edición papel y digital pdf)

Rosario González Galicia
Estudio dialectológico de nombres de plantas silvestres de la Campiña segoviana (edición digital pdf gratuito)

Alfonso Fernández-Cid Fenollera
Parolas con un ginecólogo (edición papel)

Marcos Fabián Herrera
Dialogantes (entrevistas). (edición digital EPUB)

www.miradamalva.com